河北省社会科学重要学术著作出版资助项目

河北省社会科学研究基金项目
（HB2011QR49）

高校社科文库
University Social Science Series

教育部高等学校
社会科学发展研究中心

汇集高校哲学社会科学优秀原创学术成果

搭建高校哲学社会科学学术著作出版平台

探索高校哲学社会科学专著出版的新模式

扩大高校哲学社会科学科研成果的影响力

程亚鹏/著

我国城市住房价格测度

—— Hedonic方法与实证

Measurement of China Urban Housing Pric:

Hedonic Method and Empirical Research

光明日报出版社

图书在版编目（CIP）数据

我国城市住房价格测度：Hedonic 方法与实证 ／ 程
亚鹏著 . -- 北京：光明日报出版社，2013.1（2024.6重印）
（高校社科文库）
ISBN 978 - 7 - 5112 - 3604 - 3

Ⅰ.①我 … Ⅱ.①程… Ⅲ.①城市—房价—研究—中
国 Ⅳ.①F299.233.5

中国版本图书馆 CIP 数据核字（2013）第 292200 号

我国城市住房价格测度：Hedonic 方法与实证
WOGUO CHENGSHI ZHUFANG JIAGE CEDU：HEDONIC FANGFA YU SHIZHENG

著　　者：程亚鹏	
责任编辑：钟祥瑜	责任校对：唐　宁
封面设计：小宝工作室	责任印制：曹　净

出版发行：光明日报出版社

地　　址：北京市西城区永安路 106 号，100050

电　　话：010-63169890（咨询），010-63131930（邮购）

传　　真：010-63131930

网　　址：http：// book. gmw. cn

E － mail：gmrbcbs@ gmw. cn

法律顾问：北京市兰台律师事务所龚柳方律师

印　　刷：三河市华东印刷有限公司

装　　订：三河市华东印刷有限公司

本书如有破损、缺页、装订错误，请与本社联系调换，电话：010-63131930

开　　本：165mm×230mm			
字　　数：144 千字		印　　张：8	
版　　次：2013 年 1 月第 1 版		印　　次：2024 年 6 月第 3 次印刷	
书　　号：ISBN 978 - 7 - 5112 - 3604 - 3 - 01			
定　　价：38.00 元			

CONTENTS 目 录

第 1 章

导论

1.1 问题提出与研究意义

据英国《观察家报》2008 年 11 月 30 日的一则报道，英国土地注册处（Land Registry）被指控误导消费者。起因是土地注册处公布的年度房地产价格跌幅为 10%，而另两个同样被认为是权威的 Halifax 指数和 Nationwide 指数同期跌幅为 15% 和 13.9%。人们认为土地注册处的指数未反映真实的房价水平（Collinson，2008）。

无独有偶，由北京市建委、市国土资源局、市发改委、市统计局等四部门 2006 年 4 月中旬发布的数据显示，全市商品住宅一季度期房预售均价比去年同期上涨 14.8%。而 4 月 20 日北京市统计局单独发布的该数字是 7.6%，两者相差近一倍。此前一个月，国家发改委、国家统计局于 3 月 21 日发布的全国 70 个大中城市 1、2 月份的房屋销售价格指数显示，北京 1～2 月份房价同比上涨 7.3%。3 月 22 日北京市建委、北京市统计局等部门对外公布的数据则是，北京市同期商品住宅预售交易平均价格涨幅为 17.3%（袁一泓，2006）。为什么不同部门编制的住房价格指数出现如此大的差异？究竟哪个指数更准确？对房价测度方法的质疑引起媒体的聚焦和社会公众的广泛关注。

住房是衣食住行中最重要也是对人们生活影响最大的一个组成部分，不过，真正受到上至政府下到百姓的广泛关注还是始于改革开放，尤其是 1998 年取消实物分房之后。在计划经济时期，城市住房作为一种福利由国家或单位分配。自 20 世纪 80 年代住房制度改革以来，个人购房比重逐年提高，到 2003 年已达 96.43%。住房价格从最初试点城市的平均成本价格 120～150 元/

平方米上涨到 1997 年取消实物分房前的全国平均商品住宅价格 1 790 元/平方米，到 2008 年更是高达 3 576 元/平方米。与此同时住房质量也发生很大的变化，人们的居住条件大幅度提高：1978 年全国城市人均住房建筑面积 6.7 平方米，到 2006 年增长到 27.1 平方米，见表 1.1。住房户型从 20 世纪 70 年代以前的无厅、无厨、无卫的筒子楼，发展到 80 年代 3 小 1 大（客厅、厨房、卫生间小，卧室大）的单元楼，进入 90 年代后又进一步发展到 3 大 1 小，多厅、多卫。通讯、供暖、天然气等配套设施日臻完善。消费者的住房选择由被动的单位分房，发展到通过对房价、产权、区位、户型、物业、环境等诸多因素的权衡，根据自身经济能力、住房偏好的主动选择。

表 1.1　住房基本指标

Table 1.1　Basic indicators of housing

年份	城市人均住房建筑面积（m²）	竣工住房面积（万 m²）	个人购买商品住宅比例（%）	住房平均价格（元/m²）
1978	6.7	N/A	N/A	N/A
1997	17.8	40 550.2	66.55	1 790
1998	18.7	47 616.9	71.97	1 854
1999	19.4	55 868.9	80.08	1 857
2000	20.3	54 859.9	87.29	1 948
2001	20.8	57 476.5	91.53	2 017
2002	22.8	59 793.6	96.17	2 092
2003	23.7	54 971.5	96.43	2 197
2004	25.0	56 897.3	N/A	2 608
2005	26.1	66 141.9	N/A	2 937
2006	27.1	63 046.9	N/A	3 119
2007	N/A	68 820.8	N/A	3 645
2008	N/A	75 969.1	N/A	3 576

数据来源：《中国统计年鉴：2009》

我国的住房市场理论研究与住房制度改革进程紧密相关，早期关注宏观层面的住房体系与制度的建设，如住房制度改革、住房商品化、住房消费与新经济增长点等。20 世纪 90 年代，大量文献将国外经验介绍到国内，内容主要包括住房制度、政策；住房金融、抵押贷款等。进入 21 世纪我国的市场经济条件下的住房体系初步形成，国内研究重点转向住房保障、住房抵押贷款与证券化、住房价格的变动规律等方面。在研究方法上，逐渐开始借鉴国外经验，将博弈论、计量经济学等方法运用于住房市场实证研究中。

房价问题始终受到学者们的关注，尤其是最近几年对房价是否过高、是否存在房地产泡沫、是否出现房价拐点的争论引发了新一轮的研究热点。研究内容大致可以分为三大类，第一类，也是占现有文献比重最大的一部分，是住房价格研究，结合社会热点侧重于高房价的评判、成因与调控对策。房价高低多通过房价收入比（李爱华等，2006；金三林，2007；吴刚，2009），也有文献依据生命周期理论做出判断（厉伟，2007）；高房价的形成原因则主要从房价构成角度剖析（高志尊，1999；程亚鹏等，2000；刘勇，2002；吕品，2009），在此基础上给出调控房价的政策建议。第二类研究主要采用计量经济学方法分析房价影响因素，包括宏观经济因素，如收入、就业、房地产投资、税收等对住房价格的影响（金成晓和马丽娟，2008；王光玉和洪璐，2008；陶丽和方斌，2008）；采用 Hedonic 价格模型估计住房特征对价格的影响（邹高禄，2005；孟勉和李文斌，2006；赵琰等，2008）。第三类是房价指数编制方法的介绍（张宏斌和贾生华，2000；吴璟等，2007；孙宪华等，2008）。

回顾国内现有文献，不难看出，国内住房市场理论研究着眼于解决我国经济转型与住房体制改革所面临的实际问题，早期文献多为规范研究，缺乏理论研究，实证研究几乎是空白。这一现象在进入 21 世纪后开始有所改变，出现规范研究与实证研究并举，宏观住房政策制度探讨与微观住房市场规律分析并重的局面。

本书选题意义主要体现在对科学、准确的住房价格度量方法的探讨。从住房特征的隐含价格角度出发，测度住房价格与住房特征之间的关系，以及住房价格在时间与空间维度的波动。相对于住房总价绝对水平而言，房价变动的相对水平无论对于政府部门的宏观调控政策制定、开发商的投资选择，还是消费者的购房决策都更为重要。如何对此做出准确的测度是摆在学术界的一个亟待解决的重要课题。

国外研究表明，Hedonic 方法是一个解析住房价格的理想工具。虽然这种方法自创立以来已有半个多世纪的历史，但迄今为止，即使在欧美国家也没有形成一套统一的技术标准，仍有许多技术上的问题有待研究。国内 Hedonic 研究仅有 10 余年历史，研究成果与国外相比存在很大差距。由于住房制度的不同、风俗文化的差异，国外经验不可能完全适用于国内。因此，除了继续借鉴和引入西方发达国家的相关理论研究成果之外，更应根据中国的基本国情及研究对象具体的社会、经济环境，建立符合中国国情的 Hedonic 住房价格模型，探讨西方经典理论在中国市场经济条件下的应用。这不仅能够在一定程度上推动相关理论研究的发展，而且有助于揭示中国住房市场的现实规律。

随着我国住房制度改革的不断深入，住房市场化程度日益提高，房价形成的市场机制逐渐完善，住房信息更加透明、公开。国内已初步具备开展住房市场实证研究的条件。正是在这种背景下，Hedonic 理论与实证研究方法在世纪之交引入我国并被国内学者接受。不过，国内研究大多直接借鉴国外的方法，较少对 Hedonic 理论及模型的设定与检验进行深入的剖析，使得研究结果的可靠性受到质疑；研究内容也多局限于对基于整体城市住房市场的单一 Hedonic 价格模型的住房价格影响因素分析，缺乏对测度房价时空动态波动方法的探讨。国外测度住房价格波动的方法研究也多局限于 Hedonic 价格指数法、重复销售（repeat - sales）价格指数法或简单平均价格指数的比较，而对 Hedonic 住房价格指数不同的具体计算方法缺乏深入的探讨。解决上述问题即为本书的主要研究内容，也是本书选题的价值所在。

1.2　主要概念界定

1.2.1　住房与住房服务

住房的英文表述为 house，源于古希腊语 χουζ，意为泥土，通常与 dwelling、residence、shelter、home、adobe、lodging、accommodation 或 housing 为同义词，意指人们居住的建筑物。依据结构类型不同，住房分为砖木结构、砖混结构、钢混结构等。一套住房按功能分割为客厅、卧室、厨房、卫生间等，其不同的组合就形成不同的户型。除了户型外，每一套住房的面积大小、所在楼层都可能会存在差异。不过，建筑物一旦建成，它们不再发生变化。

住房服务（housing service）指住房结合水、暖、电、卫等设施，以及室内装修、环境、交通等所提供的居住与生活服务。其中住房本身是住房服务最重要的一个组成部分。不过，除住房外，其他设施与服务往往随时间发生变化。最典型的就是室内装修，如今，每个家庭无论收入多少，无论购买的是新房还是二手房，均无一例外地进行装修。住房周围的环境、交通状况等也会随城市发展发生变化。从这个角度看，住房服务也并非是同质性的，而是住房结构与区位、邻里特征的组合。

消费者在购买房屋建筑物的同时，也会将住房服务一同购买。可以一次性地购买住房的所有权，也可以租赁一定时期的使用权。住房服务不同，住房价格也会存在差异。正因为此，影响住房价格的因素众多，影响的方向、程度不同，准确地测度住房价格非常困难。

按照 Megbolugbe 等（1991）的观点，投资者是住房的需求方，其需求模型依据由以收益率为主要因素的投资理论构建；而住房服务的需求方是消费者，其需求模型按照消费者理论建立，收入、房价、租金、家庭特征、住房特征为模型的主要变量。本书所讨论的住房实质上是住房服务。

1.2.2　Hedonic 价格与隐含价格

Hedonic 一词源于希腊语的 hēdonikós，原意指愉悦、享乐，但在经济学的范畴内 Hedonic 往往与产品效用相关。以 Lancaster（1966）为代表的新消费者理论认为，消费者并非从消费产品本身得到效用，真正的效用来自于产品所拥有的特征及其提供的服务。因此 Hedonic 理论假定，产品可以被看作一个特征束或属性束（a bundle of characteristics or attributes）。同类产品，其包含的特征组合不同，价格也不同（Ohta 和 Griliches，1976）。以住房为例，位置不同、楼层不同、楼龄不同，房价显然也不会相同。消费者对每一个特征都会作出估价，所有特征的价格，即 Hedonic 价格的集合形成产品的市场价格。但是这一过程并不能在市场中显性地显示出来，而是隐含在产品总价当中，所以这些特征的价格也叫做隐含价格（implicit price），通过 Hedonic 价格模型的回归分析估计出来。

进行 Hedonic 分析时需要回答如下几个问题：①产品的特征是什么？②从得到的数据中如何估计隐含价格？③如何解释各特征的价格？④模型是否稳定？是否随时间与空间发生变化？

Hedonic 住房价格模型将住房特征分别赋值，估计这些特征的隐含价格。利用估计结果，可以用来建立比较住房价格时间序列波动或区域间差异的价格指数；评估房地产的价格；还可以用来分析人们对住房特征的需求，评价某个特征如环境质量改变、基础设施完善等对住房价格的影响。

国内文献对 Hedonic 价格的翻译五花八门，最常见的有以下 3 种译法。一是根据 Hedonic 价格模型的经济学含义将其译为特征价格，如温海珍和贾生华（2004）等；第二种按字面意思翻译为享乐价格，如黄桐城（2000）等；第三种直接采用英文表达，不做翻译，如马思新和李昂（2003）等。本书认为，第一种翻译方法较好地揭示了 Hedonic 价格的实质。不过，在 Hedonic 价格指数体系中，有一种方法为 Characteristics Price Index（见第 5 章），如果按照第一种翻译方法，无疑会产生混淆。第二种方法的优点是忠实于英文原意，不足之处是容易使人产生误解。因此本书采用第三种方法直接使用英文表达。

1.2.3 质量调整

Hedonic 价格模型的用途之一是编制价格指数。价格指数反映的是产品纯粹的价格变动。由于现实生活中产品的同质性（homogeneity）很难保证，如果直接比较不同时期样本的价格变动（该价格变动既包括纯粹的价格变动，同时还包括了样本产品质量差异引起的价格变动）使得价格指数出现偏误。因此需要通过质量调整（quality adjustment），剔除质量差异引起的价格变动。

按照欧盟统计局的定义，价格指数理论所涉及的产品质量"被定义为（物理或非物理性的）特征。作为一般原则，只要产品的特征发生变化，那么就可以认为该产品的质量发生变化"（Eurostat，2001）。产品特征是构成异质性产品的同质性经济属性，是产品的基本构成单元（Triplett，1986）。现实生活中很少有同质性产品，以水果为例，其品种不同、产地不同，我们就有理由认为它们的质量也不相同。这里的品种、产地等即可认为是水果的特征。同样，当一件旧型号产品被新产品淘汰时，产品质量势必发生变化。

所谓质量调整，即对不同时期样本产品的特征进行分析，通过某种方法，控制产品特征在不同时期保持不变，进而比较其价格差异。从概念上讲，质量调整遵循经济学基本规律，消费者从较高质量的产品中得到较高的效用。在完全竞争的市场上，这些效用上的差异可以由市场价格揭示出来，即所谓优质优价。产品特征变化引起产品质量提高（或降低），最终导致产品价格变化。Hedonic 价格模型作为特征价格与产品价格的"分离器"（Triplett，1986），可以估计出特征变化对产品价格的影响，剔除这一影响，就可以得到不受质量影响的纯价格变动。通过质量调整控制异质性样本产品的质量不变是保证价格指数准确测度产品纯价格变动的一项重要工作。

1.2.4 住房子市场

将住房市场细分为若干个住房子市场（housing submarket）源于对住房供

求的差异。住房在结构类型、建筑材料、面积大小、区位及邻里环境等方面千差万别，这些差异为消费者提供了更多的选择。

住房子市场是一个具有较高替代性的住房的集合。Hedonic 理论中的子市场从消费者偏好的角度定义，认为同一个子市场中，消费者的需求大致相同。其核心特征反映在 Hedonic 价格模型中，即在同一个子市场中，Hedonic 函数具有高度的稳定性，每一个消费者对各个特征的购买意愿相同，对应相同的 Hedonic 函数。因此，在同一子市场内，住房特征的隐含价格是相同的，在不同子市场之间住房特征价格有所差异。换句话说，在同一子市场上，住房产品的需求具有同质性，特征价格具有一致性，这为判别子市场存在与否提供了依据。如果一个子市场的 Hedonic 价格与另一个子市场的 Hedonic 价格存在统计显著的差异，则说明子市场的存在（Goodman 和 Thibodeau，1998）。划分子市场的目的是为了提高模型的拟合度和预测精度，可以比总体市场模型更准确地揭示市场供求关系。

住房市场最基本的特征是区域性，分析住房市场必须限定在特定的区域范围内才有意义。正因为此，Hedonic 研究通常仅限于某个城市的住房市场。然而，即使在同一个城市，不同区域消费群体的需求偏好也会存在差异，地理位置成为划分住房子市场的主要依据（Palm，1978）。此外，也可以依据住房建筑特征如住房的结构类型或房间数量等划分住房子市场（Wolverton 等，1999）。

1.3 研究内容与研究方法

1.3.1 研究内容

本书运用 Hedonic 理论及实证方法研究城市住房价格与住房特征的关系及其在时间与空间维度变动规律的测度，重点讨论模型的设定与检验，Hedonic 质量调整的原理与过程，Hedonic 价格指数的编制与比较，住房子市场的划分与检验，房价在城市空间分布的差异等问题。全书章节安排如下：

第 1 章，导论。主要概括了本书选题的背景、研究的目的、意义，并就本书涉及的重要概念进行了逐一阐释和界定，总结了本书采用的研究方法，提炼了本书研究的基本思路，最后对本书存在的主要创新点进行了阐述。

第 2 章，基础理论介绍和国内外文献回顾与评价。首先，在简要介绍住房的经济属性及传统住房市场模型的基础上，重点分析了 Hedonic 价格模型的理论基础与演进过程，阐述了各个发展阶段的主要特征、代表人物及其贡献。对 Hedonic 价格模型在国内外住房市场中的应用进行了回顾和简要述评。

第3章，数据来源与变量定义。对本文的研究对象与范围进行了简要的描述。构建了 Hedonic 住房价格模型的分析框架，介绍了数据来源与处理过程。将住房特征变量划分建筑特征、区位特征、邻里特征和交易特征四个大类，分别对各类特征进行了定义。

第4章，模型选择与实证检验。借助 Box – Cox 变换技术用于 Hedonic 住房价格模型的选择，通过对数似然比和样本外 Theil U 统计量检验，对文献中常见的线性、半对数、双对数等函数形式的拟合效果进行评估，从而确定最佳的函数形式。

第5章，住房价格指数的 Hedonic 质量调整。对质量调整的概念进行了剖析，分析了质量调整的过程；对质量调整下时间维度发生的住房纯价格波动测度方法进行了研究，讨论了混合时间虚拟变量法、邻期时间虚拟变量法和特征价格指数法等三种主要 Hedonic 住房价格指数的编制方法。在实证分析中，利用瓦尔德统计量检验混合和邻期函数参数稳定性，对上述三种方法计算的价格指数的差异进行了比较。

第6章，住房子市场的界定与检验。重点讨论了基于隐含价格差异的住房价格在空间维度的差异。利用瓦尔德统计量检验各子市场模型的总体差异，进而借助 Tiao – Goldberger 检验分析各个特征变量在子市场之间存在的差异，从而发现不同子市场消费者偏好的不同；利用特征价格指数，比较不同子市场住房价格的高低；通过样本数量加权，得到按子市场 Hedonic 价格模型计算的保定市二手房价格指数。

第7章，结论与展望。在总结本书研究结果的同时，指出了研究的不足及未来还需深入研究的方向。

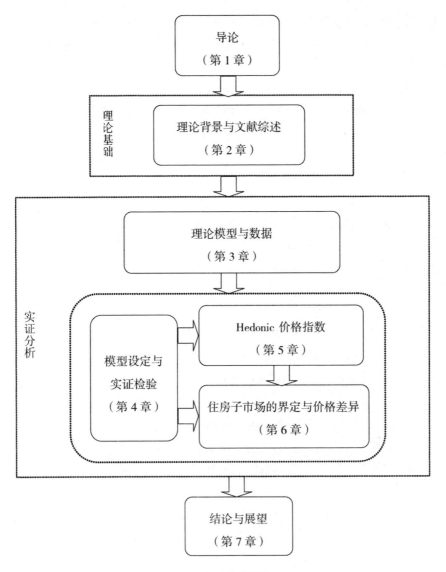

图 1.1　研究框架

Figure 1.1　Research frame

1.3.2　研究方法

科学的研究方法具有高度的严密性和逻辑一致性，是得到科学的研究结论的可靠保障。本书以 Hedonic 理论为主线，综合运用西方经济学、城市经济学、计量经济学等学科知识，在广泛地研读国内外相关文献的基础上，结合我国的国情，采用规范分析、实证分析和比较分析等研究方法，探索城市住房价格的变动规律。

①规范分析

规范分析就是借助已有的、成熟的理论进行抽象的归纳和总结，研究判断经济行为的"优"、"劣"标准，并利用这些标准去衡量、评价经济行为"应该"是怎样的。本书首先通过回顾 Lancaster 的新消费者理论与 Rosen 的隐含市场（implicit market）理论建立城市住房 Hedonic 研究的理论框架，在此基础上，就模型的设定进行分析与判断；然后，采用严格的数学推导，建立不同 Hedonic 住房价格指数的计算公式；最后，在对消费者偏好分析的基础上，给出城市住房子市场存在的依据。由于规范研究以特定的经济环境与经济行为假设为前提，因此，规范分析的结论可能会与现实产生一定的偏离。这就需要借助其他研究方法进行弥补，而实证研究正是纠正规范分析结论的有效手段。

②实证分析

实证分析法以现实数据为依托，采用经济统计方法进行数据的收集、描述、整理及统计检验；利用计量经济学方法，进行经济理论的检验、经济政策的评价，进行经济预测以及检验各个经济变量之间的因果关系。通过对经济现象、经济活动进行客观分析，从而得出一些规律性的结论。它的最大特点是回答"是什么"的问题。而不是"应该是什么"的问题。

然而，在实际研究过程中，实证与规范分析经常交织在一起，因此，实证研究中也难免会包含一些价值判断。本书采用了大量的统计数据和多种计量经济方法对住房价格与住房特征之间的关系进行分析，如模型设定检验、Box － Cox 变换、瓦尔德检验、Tiao － Goldberger 检验、Diebold － Mariano 检验等，上述方法与检验为理论的合理性与模型的可靠性提供了依据。

③比较分析

比较分析法也称对比分析法，是把客观事物加以比较，以达到认识事物的本质和规律的目的，并做出正确的评价。由于经济理论并没有为 Hedonic 函数形式的选择提供依据，唯有凭借不同模型对数据的拟合精度检验做出判断；评价 Hedonic 价格指数不同方法的优劣则是在规范分析的基础上，比较各种指数之间的差异。

本书将上述分析方法相结合，通过规范分析和实证分析，及不同模型与方法之间的比较分析，解释住房价格波动的规律，为政府、企业与消费者决策提供一种科学的分析方法与依据。

1.4 本书的创新

本书针对我国二手房市场的具体情况，对住房价格的 Hedonic 度量问题进行了探讨，与国内外已有文献对比，主要贡献及创新如下：

①Hedonic 住房价格模型的选择

以保定市住房市场为对象，构建了我国 Hedonic 住房价格模型，重点研究了变量的选择与函数形式的设定等问题。模型解释变量中增加了交易特征，对楼层变量重新进行了定义。借助 Box – Cox 变换技术进行 Hedonic 住房价格模型估计，通过与国内外文献中常见的线性、半对数、双对数等函数形式拟合效果的比较，发现 Box – Cox 函数优于其他常用函数。

国外文献将住房特征设为三大类，即建筑特征、区位特征、邻里特征。结合我国的具体情况，为反映我国二手住房市场交易状况的不同和市场上公有住房与商品房共存的现状，增加了"急售"与"公房"2 个交易类变量。另外，国外文献研究对象多为独户住房（single family house），模型中不考虑楼层因素，而我国居民住房绝大部分为单元楼房，楼层对消费者购房决策有较大影响。所以，国内模型常引入楼层变量，并定义为绝对楼层数。但现实生活中，消费者是从相对位置的角度选择楼层，为此，本书在建筑特征中引入楼层相对位置变量，以反映消费者楼层偏好。

国内文献很少专门就变量的确定与函数形式的选择进行研究，所用模型多借鉴国外经验选用线性、半对数或双对数函数，基于 R^2 统计量的拟合度检验做出选择。本书利用 Box – Cox 变换技术，对国内外常用的线性函数、半对数函数、双对数函数和 Box – Cox 函数等函数形式进行比较，发现上述回归函数均有较理想的拟合精度和变量参数的显著性。进一步采用对数似然比检验及样本外预测的 Theil U 统计量对最佳函数形式进行检验，结果表明，Box – Cox 函数优于其他常用函数。研究发现，如果被解释变量不同，R^2 检验就会失效。但将被解释变量转换为相同的形式后，R^2 检验与 Box – Cox 检验结果一致。

②质量调整方法的分析比较

运用 Hedonic 方法建立了质量调整的住房基本价格指数，通过对混合时间虚拟变量价格指数、邻期时间虚拟变量价格指数和特征价格指数的实证比较和检验，发现邻期函数计算的环比价格指数与环比费雪特征价格指数相近，环比价格指数能够比定基价格指数更好地反映价格的动态波动，尤其在不同时期样本构成差异较大时效果更为明显。

国内住房价格指数研究大多局限于对国外成果的介绍，国外文献则侧重于对不同指数计算方法的比较，如 Hedonic 价格指数、重复销售价格指数、简单平均数指数、中位数指数等。但是，Hedonic 价格指数可以采用多种方法处理，国外文献鲜见对此问题的讨论。本书对质量调整的概念进行了梳理，通过严谨的数学推导，分析了不同 Hedonic 价格指数质量调整的原理与过程，对不同 Hedonic 价格指数的计算方法进行了分析与比较。

③住房子市场的划分与价格波动

从隐含价格差异的视角，对划分城市住房子市场的方法进行了探讨，建立了按空间区位划分子市场的 Hedonic 住房价格模型，分析了住房价格在时间、空间上的变动。研究结果既揭示了住房价格变动的规律，又为今后的进一步研究提供了一种思路和方法。

国内 Hedonic 住房价格模型绝大多数建立在单一城市整体市场基础上，没有考虑细分子市场消费者偏好的不同对模型稳定性的影响。本书探讨了以行政区划为边界的住房子市场的划分方法。实证研究中，对各住房子市场模型的干扰方差相同的假设进行了统计检验（即组间同方差检验）。在原假设被拒绝后，国外文献常用的邹检验方法不再适用。为此，构建瓦尔德统计量检验模型的稳定性。瓦尔德检验提供了子市场存在的证据。在此基础上，借助 Tiao - Goldberger 检验，分析了各子市场消费者对住房特征需求的差异。利用住房子市场的 Hedonic 价格模型，计算了住房价格时空维度的波动。

第 2 章

基础理论与文献回顾

2.1 经济理论与住房

2.1.1 住房的基本属性

住房是一种特殊的商品，它区别于其他绝大多数商品的主要特征表现在空间固定性（spatial fixity）、耐久性（durability）、异质性（heterogeneity）等属性。Smith 等（1988）、Megbolugbe 等（1991）对上述住房基本属性进行了较为详细的讨论。这些属性使得住房市场非常复杂，给分析住房市场带来困难。传统的新古典住房市场经济模型将现实世界进行了高度的抽象，对这些属性没有充分考虑。在过去的近 50 年中，有大量住房经济学文献试图对简单的新古典经济模型加以改进和完善。

①耐久性

住房与其他商品相比具有更长的使用寿命，一座建筑物甚至可以使用上百年，建筑物所依附的土地更是难以损坏。正是由于这个原因，住房市场形成了存量房市场与增量房市场共存的局面，消费者的住房消费会面临租房还是买房的权衡，这也是住房市场有别于其他商品市场的一个最基本特征。一方面，房租水平对房价产生直接影响；另一方面，存量房占市场上住房总量的很大一部分，其供给数量、价格高低对新建商品房的供给与价格产生影响。

奥沙利文（2003）指出："对于住房市场而言，住房的耐久性具有三重含义。首先，业主通过花钱维修或维护，可以降低住房物理性折旧的速度。其次，每年市场上都有大量的二手房出售。一条总原则是特定年份新建住房占全部住房储备的 2% ~ 3%。经过 10 年的进程，新建住房占住房储备的 20% ~

30%，所以 70% ~80% 的家庭居住在至少已建成 10 年的住房里。耐久性的最后一个含义体现在，住房供给相对没有弹性：市场被旧住房主宰，价格变化只会导致供给量的较小程度的变化。"

住房的耐久性使得住房可以保值、增值。住房是一种非常理想的投资手段，具有消费与投资的双重功能，由此产生了两个不同的市场：对住房服务供给与需求的住房消费市场与对住房产品供给与需求的住房投资市场。

由于住房的耐久性，同样一套房，其价格在整个寿命周期始终处于变动状态，除了住房本身的维修保养影响房价外，宏观经济环境、城市基础设施建设、居民消费偏好、邻里关系等都会影响房价的变动。

②异质性

标准的新古典经济分析模型将商品视为同质性的产品。然而，与人们在超市购买的大多数商品不同，住房不具有同质性。每一套住房都或多或少在建筑材料、建筑面积、房间数量、楼龄、楼层、区位等方面存在差异。这些差异有些可以被观察到，有些观察不到，由此产生信息不对称。为解决这一问题，经济学家基于消费者通过对产品特征的支付价格建立异质性住房模型，将异质性的住房分解为同质性的各种住房服务。进一步将住房市场划分为若干个子市场，以提高分析模型的稳定性。

由于住房的异质性，如果没有付出很高的搜寻成本的话，很难掌握住房的质量与价格信息，而专业的咨询服务可以降低搜寻成本，这很好的解释了房地产经纪服务存在的合理性。此外异质性也意味着更换新的住房需要高昂的交易成本，使得住房的流动性不足（illiquity），交易不频繁。

③空间固定性

住房的空间固定性也叫位置固定性（location fixity）或空间不可移动性（spatial immobility）。住房的不可移动性的一个结果是住房市场的地区性市场属性，最明显的证据就是不同城市的房价可能会有非常大的差异。因此，住房市场研究往往限定在一定范围内才有意义。

位置（区位）是住房有别于其他商品的最基本属性，位置至少可以从五个方面定义：1）到重要地点的距离，如中央商务区（CBD）、其他就业集中地区、购物区、交通线路；2）临近土地使用的性质；3）邻里的社会经济状况；4）周围环境的物理特征；5）地方政府的行政管辖范围（Megbolugbe 等，1991）。正是由于这一属性，可以断言，即使住房结构类型、户型、面积等物理特征相同，位置不同的住房，其价格也不会相同。此外，尽管住房在空间位置上是不可移动的，从这个角度看，空间固定性是绝对的，但上述五种区位因素在不同时间，随社会、经济的发展会发生变化，如新的中央商务区的形成，土地用途的改变等，所以从经济区位的角度看，空间固定性又是相对的。

住房在一定的时间、空间范围内固定在特定的位置与环境条件下，具有唯一性和独特性，是住房异质性的原因之一，同时也是住房的外部性产生的根源，是决定住房质量与价格的一个重要影响因素。在 Hedonic 住房价格模型中体现为区位、邻里等解释变量的引入。

综上所述，住房的耐久性、异质性和位置固定性表明住房的唯一性，与金融市场以及其他大多数商品市场相比，购房过程需要更多的搜寻成本以搜集住房价格和住房特征信息。由于住房的上述 3 个属性，住房价格难以测度。

2.1.2 住房市场模型

新古典经济理论是在商品同质的假设条件下展开的，影响消费者效用或生产者利润的主要变量就是商品的数量。但是，住房不同于普通商品，由于位置固定性，消费者购房决策在很大程度上是在住房所在区位与房价之间进行权衡。新古典框架下的城市经济理论继承了杜能农业区位论的衣钵，将区位因素引入到效用函数中，最著名并得到高度发展的传统理论是 Alonso – Mills – Muth（AMM）单中心城市住房模型，该模型假定城市有一个工作地点，所有的生产活动都集中在这个区域。此外，假定城市位于平原地区，交通成本与距离成正比，而且所有城市住房都相同（即住房服务的同质性）。进一步，住房（或土地）是一个单一的商品，作为一个独立的变量与其他商品同时进入消费者效用函数。消费者在预算约束下，选择一定数量的住房及特定的区位（到单一工作地点的距离），使其效用最大化。消费者支出包括住房成本、通勤成本和其他商品的成本。

在 AMM 模型中，Alonso（1964）提出了对后人产生巨大影响的城市住宅用地标准区位模型，这个模型被认为是现代新古典城市区位理论的里程碑（斯特拉斯蔡姆，2003）。该模型假定消费者的收入为 y，他的效用函数为 $U(z, q, t)$，通勤函数为 $k(t)$，综合商品 z 的价格为 p_z。$P(t)$ 为距离城市中心 t 公里处的地租，q 是土地的消费量。消费者的预算约束为：

$$y = p_z z + P(t) q + k(t) \tag{2.1}$$

消费者的效用函数为：

$$u = U\ (z,\ q,\ t) \tag{2.2}$$

依赖于对综合商品消费的数量、土地的消费数量和交通距离，前两个因素是增函数，最后一个是减函数，表明消费者是不喜欢通勤的，居住地到市中心的支出随距离增加而增加。虽然消费者愿意居住在市中心附近以接近其工作地点，但是还要考虑接近市中心的住房成本。土地价格随到市中心的距离增加而递减，远离市中心的地价相对较低，因为那里的通勤成本较高。

随后，Mills（1967）和 Muth（1974）相继在 Alonso 模型中用住房代替了土地。除解释了消费者在房价与通勤成本之间的权衡外，Mills 和 Muth 的模型还对建筑密度与建筑物高度递减性的原因有深刻的表述。

AMM 模型对城市住房的经济描述是高度模型化的。在创立之初，该模型从经济学的角度较好地解释了美国的城市用地与住房在空间结构上的变化规律。但是随着社会经济的发展和技术的进步，该模型的缺陷日渐显露出来。

虽然 Muth 为避免住房异质性的问题而提出"住房服务"的概念，并将通勤成本作为区位因素引入效用函数，但仍难对消费者偏好的本质作出令人满意的解释。AMM 模型认为只有区位因素，更确切地说是到工作地点的距离对房价有影响，模型只着眼于住房的一个特征——建筑（土地）面积。但现实生活中不难发现，即使在相同地点，在同一栋住宅楼中，楼层不同、朝向不同、室内装修不同，住房的价格也会不同。住房服务不单单是由住房作为一个整体提供，而是分解为面积大小、户型结构、采光通风、邻里环境、交通设施等因素。

为了弥补 AMM 模型的不足，更好地刻画住房异质性的本质，住房市场研究需要一个能够描述不同住房特征集合的住房模型，20 世纪 70 年代，城市经济学家将 Hedonic 价格模型引入住房市场研究中来，对 AMM 模型进行了改进，把住房面积和通勤距离与其他住房特征一起作为一个特征束引入消费者效用函数，从而为实证研究提供了有力的理论基础。目前房地产研究已成为 Hedonic 价格模型应用最广泛也是最活跃的一个领域。

城市的单中心假设是该模型另一个明显的不足。现代社会，城市布局逐渐向多中心模式发展，人们的就业并非仅囿于中央商务区。许多学者认识到，在购房决策过程中，与区位相关的舒适性（amenity）是一个重要因素。如潜在购房者除了考虑工作地点的距离外，购物中心、教育设施也是其考虑的主要内容。Kain 和 Quigley（1970）早期构建的单中心城市 Hedonic 住房价格模型中以英里描述的到 CBD 的距离并不显著，研究结果与 AMM 理论相矛盾；甚至一些学者的实证研究显示房价与到 CBD 的距离正相关，如 Berry（1976）。Bender 和 Hwang（1985）对此现象进行了分析，认为单中心的城市模型与现实不符，他们对芝加哥市的实证研究证明，如果从多中心的角度建模，那么房价与到各个城市中心的距离仍然呈负相关关系；类似的文献包括 Follain 和 Malpezzi（1981）、Adair 等（2000）、Söderberg 和 Janssen（2001）等利用 Hedonic 价格模型对城市内部住房价格变动的研究。也有学者发现住房的物理属性和邻里环境比交通可及性更为重要，如 Henneberry（1998）。

2.2　Hedonic 理论的产生与演进

Hedonic 价格模型的核心是构建回归方程，即 Hedonic 价格函数——由消费者的出价函数和生产者的要价函数所决定的市场出清函数。按新帕尔格雷夫经济学大辞典的定义，Hedonic 函数是各种样式或模型的异质性商品或服务的价格同包括在其中的特征要素数量间的关系（特里普利特，1996）。人们通常将这一技术作为描述生产者和消费者对异质性商品选择的建模方法，用公式表达即：

$$P = P(z) \qquad\qquad (2.3)$$

式中 P 是 n 个异质性商品的价格向量，z 是同质性特征的 $n \times k$ 矩阵。

Colwell 和 Dilmore（1999）的研究认为，Hedonic 技术最早出现在 1922 年美国明尼苏达大学 Haas 的一篇分析农用地价格的硕士论文中，但由于年代久远，该论文已无从查阅，对后人影响不大。据本书作者所掌握的文献，Hedonic 方法可以回朔到 Waugh（1928）发表在美国《农业经济学杂志》（Journal of Farm Economics）上的一篇研究蔬菜价格影响因素的文献，该文就芦笋、西红柿、黄瓜等三种蔬菜的价格与长度、颜色、硬度等物理特征的关系进行了回归分析。他根据价格差异源于质量特征不同的论点，分析了蔬菜的质量因素对价格的影响。和 Haas 一样，Waugh 没有对其使用的方法命名。

Hedonic 一词首次出现在美国汽车制造商协会的经济学家 Court 的一篇题为 "Hedonic Price Indexes with Automotive Examples" 的研究报告中。为应对美国国会对通用公司借助寡头垄断力量擅自抬高汽车价格行为的起诉，在美国劳工统计局（BLS）总统计师 Sidney W. Wilcox 的建议下，Court（1939）运用回归分析方法研究了汽车性能对价格的影响，通过在模型中引入时间虚拟变量，测度质量调整的价格变动，说明汽车价格上涨源于汽车质量的改进。从这个意义上说 Court 是利用 Hedonic 价格函数处理价格指数中质量调整问题的先驱①。

在 Court 之后，自 1939 年到 1960 年，Hedonic 研究度过了一个漫长的蛰伏阶段，似乎如昙花一现被人遗忘。究其原因，Goodman（1998）认为：首先，20 世纪四五十年代，计量经济分析即使不完全局限于宏观层面，样本数据也是来自于高度综合的加总指标，Hedonic 分析本质上属于微观计量经济分析，学术界对此缺乏兴趣；其次，没有计算机的帮助，数据处理全凭手工完成，费时费力；再有，成百上千的样本数据，大量的解释变量，以及重要解释变量的取舍，最佳函数的选择等都超出当时的计算能力。

1958 年，Griliches 发表了他最早的一篇 Hedonic 价格模型的应用文献，该文研究了肥料价格与氮、磷酸和碳酸钾含量的关系。不过，Griliches（1958）只是在脚注中报告了回归结果。当时他还不知道 Court 的 Hedonic 方法，没有对此展开研究（Griliches，1988）。正是最初的小试牛刀，激发了 Griliches 对 Hedonic 研究的兴趣和热情。1960～1961 年，Griliches 任职于 Stigler 委员会，该委员会的任务是研究国民收入的测度问题。在此期间，在对后人产生巨大影响的著名的 Stigler 研究报告中，Griliches（1961）探讨了汽车价格指数编制中的质量调整问题，其贡献在于发展了 Court 的时间虚拟变量价格指数，对各种 Hedonic 方法进行了初步分析。凭借此文及后续研究，Griliches 被誉为现代 Hedonic 研究之父，引发了 20 世纪 60 年代大量 Hedonic 价格指数文献的涌现。

遗憾的是，这一时期的 Hedonic 研究并没有一个相应的理论框架。这无疑限制了 Hedonic 方法的更广泛应用。值得庆幸的是，这种状况随着 Lancaster 的新消费者理论与 Rosen 的隐含市场理论的创立而得到改善。Hedonic 价格模型逐渐被主流经济学与官方统计部门所接受。这一时期 Hedonic 研究的经典文献频频刊载于顶尖经济学杂志，如《美国经济评论》（American Economics Review）、《政治经济学杂志》（Journal of Political Economy）、《计量经济学家》（Econometrica）等。

Hedonic 价格模型最初的理论渊源来自 Houthakker（1952）创立的"新微

---

① Court 承认，Alexander Sachs 建议将他的分析方法命名为"Hedonic"，灵感来自韦伯斯特大辞典对 Hedonic 的释义（Court，1939）。

观经济学理论"和 Becker（1965）提出的家庭生产函数（household production function）。前者将质量差异引入消费者行为理论，主张消费者的购买行为并非遵循只考虑商品数量的传统消费者理论，商品质量特征是否符合个人的需求也是考虑的一个重要方面。后者认为市场中的产品属于投入要素，需要经过家庭的某些生产过程才可以真正被消费。例如，许多食物在购买后需经烹调才可以食用，所以消费者对产品的需求是间接的引致需求，这一观念打破了传统的消费者理论。

在此基础上，Lancaster（1966）进一步提出消费行为分析法（consumption activity analysis），奠定了 Hedonic 价格的理论基础。首先，Lancaster 发现商品的服务或"属性"对所有消费者来说都是相同的，通常可以客观度量，它们以一定比例组合成单个物品，从而，这些物品形成一种消费"行为"的组合。其次，Lancaster 主张商品只是一种工具，本身不能为消费者带来直接效用，消费者购买商品是因为它具有使其获得效用的特征属性。因此，消费者不只关心消费数量的多寡，更关心该商品所具有的特征属性是否能满足他的需求。一个商品可能有一个以上的特征属性，不同的商品也可能有相同的特征属性。Lancaster 的消费行为模型虽然解释了相同商品，在具有不同特征时，价格亦会有不同的现象，但后续研究有多篇文献指出其局限性，包括 Lucas（1975）对 Lancaster 模型中消费技术的线性假设，以及 Hendler（1975）对模型中商品特征的边际效用非负假设的质疑。

在 1969 年发表的论文中，Rosen（1969）研究了工资与工作时间的关系，他用 Hedonic 思想解释估计结果。苦于没有一个完善的分析结构，于是，Rosen（1974）开创性地提出了 Hedonic 估计的实证研究框架。他进一步将 Lancaster 等人的理论加以拓展，假设在完全竞争市场下存在一种异质性商品，其市场价格通过市场中众多消费者与生产者彼此间的出价（bidding price）与要价（offering price）行为决定。Hedonic 函数即消费者最高出价和生产者最低要价的包络函数，函数的形式由购买者偏好和生产者成本与策略选择的分布决定。消费者追求效用最大化而生产者追求利润最大化，当二者价格互为一致时，形成市场均衡价格。根据 Rosen 所建立的 Hedonic 价格理论架构，Hedonic 回归仅反映了人们对商品特征支付的市场价格，揭示了均衡状态下商品特征的边际价格，但由此还不能得到供求函数式。欲建立供求函数需要通过两阶段处理才可以实现：第一阶段利用异质性商品的市场价格来建立 Hedonic 价格函数，由于异质性商品的价格差异源于它所包含的满足人们欲望的特征属性数量的不同，市场价格与各种特征间便隐含着 $P(Z) = P(z_1, z_2, \cdots\cdots, z_k)$ 的函数关系，进而对 z_j 求一阶导数可以估计出商品所隐含的各种特征的边际价格 $P_j(Z)$。第二阶段再结合消费者和生产者的个体特征，利用第一阶段求出的隐含边际价格建立联立方程来估计各个特征的供求函数。不过，正如 Brown 和 Rosen（1982）指出的那样，第二阶段的联立方程并没有得出不同于第一阶段的新的信息，方程系数不过是第一阶段估计的边际价格的函数。事实上，许多学者主要关注于商品价格的影响因素分析，这些研究只需进行第一阶段的工作，因此，他们将 Hedonic 价格函数作为市场出清时供求相互作用的简约式（reduced‐form）估计商品特征的边际价格。

其后的 Hedonic 研究均在 Rosen 构建的 Hedonic 实证研究框架下展开。正因为此，Hartog（2002）认为，如果为 Rosen 一生所著述的 80 余篇论文、著作颁发奖牌的话，1974 年所发表的 Hedonic 文献应获得金牌。有趣的是，Hedonic 方法在房地产市场得到了广泛地应用，而在 Rosen 的主要研究领域——劳动力市场——应用并不普遍。

Triplett（1986）对 Hedonic 价格模型的经济学解释进行了系统的阐述。他认为，Hedonic 函数反映的是异质性商品的价格与其具有的特征数量之间的关系。在 Hedonic 假设下，一个异质性商品可以看作多个同质性特征的组合，经济行为与商品属性特征有关，而不是简单地仅与商品数量相关，Hedonic 假设隐含着商品交易是一揽子特征的搭售（tied sale）。商品价格可以解释为特征的隐含价格和特征数量乘积的总和。商品的 Hedonic 价格表明，现实世界并不存在一个商品特征的市场，我们不能从市场上直接获得 Hedonic 价格，但是通过搜集商品价格和商品特征的数据后，通过回归分析可以揭示任一特征对商品总价格的贡献。

自 20 世纪 90 年代以来，Hedonic 理论与范式的架构已建立并逐步完善，研究重点转移到分析方法上来。由于房地产的位置固定性，空间分析是区别于其他商品的最大不同，除了在模型中引入空间变量的常规处理方法外，LeSage 和 Pace（2004）、Bitter 等（2007）将空间自相关和空间误差模型的空间计量经济分析引入 Hedonic 住房价格模型；Din 等（2001）分别将 GIS 技术和人工神经网络（ANN）运用于传统的 Hedonic 价格模型；估计技术的研究包括半参数（Anglin 和 Gencay，1996）、非参数（Mason 和 Quigley，1996；Borger 等，

2008）、样条平滑技术（Bao 和 Wan，2004）等。其他建模方法包括 Kim（1992）结合动态搜索理论，利用随机无明显 Truncat 点的 Truncated regression 方法研究租房市场，提供了一个结合 Hedonic 价格模型和保留租金模型的联合估计；Tse（2002）利用随机过程修正自回归偏误；Brown 和 Uyar（2004）用多层线性模型（Hierarchical Linear Model）考虑城市住房区位、邻里的层级关系来处理 Hedonic 价格模型中的解释变量。

2.3 Hedonic 价格模型的分析框架

2.3.1 Lancaster 的新消费者模型

Hedonic 价格理论缺乏理论基础的局面是由 Lancaster 改变的，在 1966 年发表的被广泛引用的经典论文中，他阐述了将商品分解成特征束的分析方法。Lancaster 的新消费者理论打破了商品是效用直接对象的传统理论，取而代之的是"效用由商品的特性或特征得出。"

这种新理论的主要假设为：1）商品所具有的特征对消费者产生效用，而不是商品本身；2）一般来说，一个商品拥有多个特征，而多个特征也会被多个商品分享；3）组合商品可能具有与单个商品不同的特征（Lancaster，1966）。

Lancaster 通过三个步骤导出"新的"效用最大化问题：首先，单一商品或一组商品，被看做是一个产生于 $x = A \, y$ 的消费活动，其中 y 是消费活动水平向量，x 是某一确定的消费活动所要求的全部商品向量。A 是由商品本身内在特性和技术知识背景下确定的 x 与 y 之间关系的矩阵（线性）。如果消费者想要增加他们的消费活动（更多的 y），同样这些活动所需的商品向量也必须按照矩阵 A 中的（常数）系数增加（更多的 x）。

第二，每一个消费活动由 $z = B \, y$ 产生一个固定的特征向量，在这里 y 是消费活动水平向量，z 是消费活动产生的特征数量向量，B 是 y 和 z 之间的（线性）关系矩阵。如前所述，消费活动增加（更多的 y）导致特征的数量（更多的 z）按照矩阵 B 的（常量）系数增加。

第三，消费者具有一个普通的效用函数：$U(z)$，正向依赖于他们消费的特征 z 的数量。因此，在 Lancaster 的模型中，消费者面对一个与传统消费者理论中 $\max U(x)$ 不同的效用最大化问题，即 $\max U(z)$：

Maximize U （z） (2.4)

st. $p\ x\leqslant i$

其中 $z = B\ y$

$x = A\ y$

x，y，$z\geqslant 0$

消费者的效用不再直接从商品 x 中得到，而是来自通过消费活动产生的特征 z。在这个非线性规划中，$p\ x\leqslant i$ 是线性约束，其中 p 是商品 x 向量的价格，i 是收入。使最大化难以处理的一个困难是效用 U （z） 定义在特征空间，而预算约束 $p\ x\leqslant i$ 则定义在商品空间。在这种假设下，商品和消费活动之间存在一个一对一的相互关系，$z = B\ y$ 和 $x = A\ y$ 的关系可以简化为 $z = B\ x$，一个恒等系统代表了商品空间和特征空间的转换。这个转换方程连同经济学上的消费技术（矩阵 B）的特性在模型中起着关键的作用。

Lancaster（1966）对消费技术与需求理论进行了分析和讨论。他对 Hedonic 价格理论具有重大意义的发现是，一件商品可以分解为特征束，消费者不是直接从消费商品中得到效用，而是从消费这些特征中得到。在这种情况下，Hedonic 回归可以分解组合商品的价格，揭示了特征的隐含价格。

2.3.2　Rosen 的隐含价格函数

Rosen（1974）的分析建立在完全竞争的市场假设条件下，市场上有众多的买家与卖家，交易双方都是价格的接受者（price taker），任何一方均不会影响价格。住房的特征可以观察到，令住房的特征束 $Z = z_1$，z_2，$\cdots$，z_k，假定消费者的效用定义在两种商品上：

U （X，z_1，z_2，$\cdots$，z_k；α） (2.5)

式中 Z 是住房的特征，X 是综合性商品，α 代表消费者偏好参数向量。进一步假定消费者只购买一套住房，预算约束为 $Y = X + P$ （Z）。消费者通过选择 X 和 Z 使其效应最大化。每一个特征都有其各自的隐含价格，住房价格是一揽子住房特征束的隐含价格总和，这些特征是捆绑在一起交易的。人们知道住房的总价格，但在市场上却无法掌握各个住房特征价格的信息，而是由函数 P （Z） $= P$ （z_1，z_2，$\cdots$，z_k） 隐含地显示出来。

这时效用最大化就成为常规的约束方程最优化问题：选择 x 和 z 以满足一阶条件：

$$\frac{\partial U}{\partial z} = -p_j \ (z) \ U_x + U_{z_j} = 0 \ 或 \frac{\partial p}{\partial z_j} = p_j \ (z) \ = \frac{U_{z_j}}{U_x}①$$

在效用和收入固定的条件下，消费者愿意为特征 z 支付的数量由出价函数确定：

出价函数 $\theta \ (z_1, \ z_2, \ \cdots, \ z_k, \ u, \ y)$

式中 $u = U \ (y - \theta, \ z_1, \ z_2, \ \cdots, \ z_k; \ \alpha)$

$P \ (z)$ 是他（她）在市场上必须支付的最低价格，因此效用最大化，当

$\theta \ (z_1^*, \ z_2^*, \ \cdots, \ z_k^*, \ u^*, \ y) \ = p \ (z_1^*, \ z_2^*, \ \cdots, \ z_k^*)$ 和

$\theta_{z_j}(z_1^*, \ z_2^*, \ \cdots, \ z_k^*, \ u^*, \ y) \ = p_j \ (z_1^*, \ z_2^*, \ \cdots, \ z_k^*), \ j = 1, \ \cdots, \ k$

式中 $z_1^*, \ z_2^*, \ \cdots, \ z_k^*$ 和 u^* 为最优值。换句话说，在 z 平面上的最优点发生在 $p \ (z_1, \ z_2, \ \cdots, \ z_k)$ 和 $\theta \ (z_1, \ z_2, \ \cdots, \ z_k, \ u^*, \ y)$ 的切点。

图 2.1 表明，两个不同的买家，一个竞价函数为 θ^1，另一个 θ^2，前者购买某种商品对特征 z_1 出价较低。就住房而言，例如，z_1 是住房的面积，第一个消费者的效用最大化是通过比第二个消费者购买较小的住房实现。

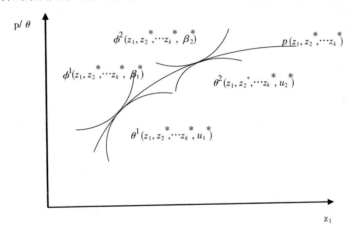

图 2.1 Hedonic 均衡

Figure 2.1 Hedonic equilibrium

所有的 θ^i 对特征 z_j 通过货币定义了一组无差异曲线，其中 $j = 1, \ \cdots, \ k$。

---

① $U_x = \dfrac{\partial U \ (x, \ z_1, \ z_2, \ \cdots, \ z_k)}{\partial x}$，$U_{zj} = \dfrac{\partial U \ (x, \ z_1, \ z_2, \ \cdots, \ z_k)}{\partial z_j}$

因此，θ_{z_j} 也可解释为 z_j 与货币的边际替代率，在最优点，它们必定与特征 z_j 的隐含价格相等。

从生产者或卖方分析，生产者的特征可以由成本函数 C（M，z，β）描述，其中 M 是住房数量，z 是住房特征的集合，β 是区分生产者生产能力的参数向量。这时每个生产者通过选择 M 和 z 计算的利润为：

$$\pi = p（Z）\cdot M - C（M，z，\beta） \tag{2.6}$$

由于市场上所有生产者都假设是竞争者（任何一方都不是垄断者或独占者），他们都不能影响价格。因而，p（z）独立于 M。M 和 z 的最佳选择要求 $\dfrac{\partial \pi}{\partial z_j} = 0$，$\dfrac{\partial \pi}{\partial M} = 0$：

$$p_j（z）= Cz_j（M，z_1，z_2，\cdots，z_k）/M，j = 1，\cdots，k$$
$$p（z）= C_M（M，z_1，z_2，\cdots，z_k）$$

在最佳点，增加的特征产生的边际收益 p_j（z），与他们每单位生产成本 Cz_j 相等，生产会增加到单位收益 p（z）等于边际生产成本 C_M。在每种产品生产的最佳数量确定后，卖方对各种产品在固定收益条件下愿意接受的单位价格可以表示为报价函数：

$$\phi（z_1，z_2，\cdots，z_k；\pi，\beta） \tag{2.7}$$
$$式中 \pi = M\phi - C（M，z_1，z_2，\cdots，z_k）$$
$$C_M（M，z_1，z_2，\cdots，z_k）= \phi$$

而 p（z）是从市场中得到的最高价格。因此，在收益 – 特征无差异曲线和市场上特征隐含价格曲线相切时收益最大：

$$\phi（z_1^*，z_2^*，\cdots，z_k^*，\pi^*，\beta）= p（z_1^*，z_2^*，\cdots，z_k^*）和$$
$$\phi_{z_j}（z_1^*，z_2^*，\cdots，z_k^*，\pi^*，\beta）= p_j（z_1^*，z_2^*，\cdots，z_k^*），j = 1，\cdots，k[1]$$

图 2.1 反映了这组生产 $z_1 - z_{-1}$ 无差异曲线：ϕ^2 曲线说明具有相对优势的生产者生产较高价格的特征 z_1，而 ϕ^1 则与之相反。在这个简单的例子里，两个生产者的技术参数 β 不同。设想存在一个所有潜在卖方的分布 g（β），通过包络市场上的 Hedonic 价格函数的报价函数族达到生产者均衡。

在均衡状态，出价与报价彼此相切，买价与卖价正好达成一致。出价与报

---

[1] $\phi_{z_j} = \dfrac{\partial \phi（z_1，z_2，\cdots，z_k，\pi，\beta）}{\partial z_j}$ 和 $p_j = \dfrac{\partial p（z_1，z_2，\cdots，z_k）}{\partial z_j}$

价函数间无数个切点确定市场出清的隐含价格函数 p（z）。Rosen（1974）指出："观察到的边际 Hedonic 价格只是联系起均衡状态的保留价格和特征，很少显示基本的供给与需求函数。"其结果是，作为被解释变量的住房价格与解释变量的住房特征向量 z 之间的函数形式仍然不为人知。

2.4　住房市场的 Hedonic 研究：国外文献回顾

住房为典型的异质性商品，每栋房屋都具有其特质，在使用年期、结构类型、空间位置、邻里关系等方面存在差异。在消费任何一套房屋时，这些特征也必须同时被消费，因此住房是一种不可分割的（indivisible）商品。不难看出，住房不符合标准价格理论的基本假设——商品的同质性和可分性。Hedonic 方法将关注的对象从商品本身转向了商品内在的不可分割的特征，广泛应用于具有多个特征的商品价格分析中，尤其适用于住房市场研究。对其他产品，Hedonic 价格模型主要用于价格指数的编制，如汽车价格指数（Fisher 等，1962；Reis 和 Santos Silva，2006）、计算机价格指数（Berndt 和 Rappaport，2001）、家电价格指数（Ellickson，1979；Manninen，2005）等。然而在房地产研究领域，Hedonic 方法有着更为广阔的研究范围，主要包括：1）公共产品或非市场产品的经济评价；2）建立住房价格指数；3）住房供求分析；4）房地产价格评估。在过去的 40 年中 Hedonic 价格模型已成为国外房地产经济学研究领域最重要的一个工具。

2.4.1　公共产品与非市场产品评价

公共产品是指能为绝大多数人共同消费或享用的产品或服务。环境、义务教育、公共福利事业等均为典型的公共产品。该类产品一般不能在市场上交换，其经济价值难以评价。比如，在制定环境政策时，政策制定者应该尽最大可能了解环境产品的供求情况，技术人员可以提供达到不同水平的环境质量所需的成本，而了解需求情况需掌握消费者对此的支付意愿（Boyle 和 Kiel，2001）。环境质量属于公共产品，市场上没有直接的交易，但它们可以作为住房的外部特征因素，通过 Hedonic 价格模型的回归分析，估计出环境质量的隐含价格。

早期 Hedonic 研究多关注环境质量与住房价格的关系。由于空气污染是人们非常关心的一个问题，在许多城市都被看作主要的环境危害，所以最常见的一个环境质量特征是空气质量。Ridker 和 Henning（1967）是最早将 Hedonic 方法应用于住房市场研究的学者。他们利用美国圣路易斯市的横截面样本，分析了空气污染（硫含量）水平的差异对独户住房价格的影响。Nelson 等（1992）分析了 20 世纪 80 年代美国明尼苏达州 Anoka 县位于垃圾场附近 708 户独户住房的价格。他们利用距离作为环境质量的代理变量，研究结果表明垃圾场对住房价格有显著的负向影响，垃圾场周围的住房价格降低 12%；距离垃圾场 1 英里远，价格降低 6%；如果距离超过 2～2.5 英里，负向影响就会微乎其微。

相反，环境改善对临近住房价格有正向的影响。Arimah（1996）研究了环境卫生条件改善对房价的正向影响；Bourassa 等（2003）分析了水景、附近景观的改善等美感的外部性。Crane 等（1997）讨论了环境舒适对低收入家庭住房价格的影响。城市空地或开放空间（Lutzenhiser 和 Netusil，2001；Irwin，2002；Tajima，2003），森林、绿化（Nicholls 和 Crompton，2005；Stenger 等，2009）都会提升临近住房的价格。Portnov 等（2005）对以色列海法市的研究发现，环境质量不直接影响房价，而是通过影响住户的日常维护、翻新从而间接影响房价。

Nelson（2004）强调，靠近机场或车站会提供出行便利与就业机会，因此对临近房价有正向影响，但同时存在的噪声又可能产生负的影响，如果忽略了可及性（accessibility），对噪音污染影响的估计可能就会产生负的偏误。Grass（1992）、Ryan（2005）发现临近地铁、轻轨会提升住房的价格。同样，临近高速公路路口、航空港、火车站、码头等交通枢纽对住房价格也有正向影响（Simons 和 Jaouhari，2004）。不过，Forrest 等（1996）对曼彻斯特轻轨线路的研究则发现邻近轻轨车站会降低住房价格。Espey 和 Lopez（2000）、Wilhelmsson（2000）、Bell（2001）、Nelson（2004）等研究了飞机场、火车站和汽车站等产生的噪音污染对住房价格的影响。对于该类问题，通常需要分析：1）如何将噪音与其他可能对住房价格造成影响的因素分离出来；2）估计噪音影响带来的住房价格贬值；3）估计噪音消除的收益可转换性（transferability of noise abatement benefit）。实证研究表明交通设施对住房价格有显著的影响，但在不同地区其作用的方向与程度均存在很大差异。

一般常识与理论都表明，邻近学校的质量高低是一个重要的区位因素。Brasington（1999）发现公立学校的质量对临近住房价格有较大影响，水平测试分数、学生出勤率，以及每个学生的费用、生/师比率、教师薪水做为教学投入的代理变量对房价有正向影响，而学生毕业率、教师教学经验、教师学历对房价没有显著影响。Clark 和 Herrin（2000）通过对加利福尼亚州 Fresno 县 1990～1994 年样本数据分析，在控制了结构和邻里特征后发现，对当地居民来说，公立学校的数量与质量比犯罪率和环境因素更重要，这个结论与加利福尼亚公共教育合伙公司（California Public Education Partnership）的民意调查结果是一致的。Gibbons 和 Machin（2003）发现，英国家庭在选择住房区位时非常重视邻居住户的受教育状况，而且子女越多的家庭愿意为此支付的也越多；小区内居民受高等教育比例每增加 1%，住房均价会升高 0.24%。

2.4.2　住房价格指数编制

精确测度住房价格具有现实和理论重要性，是了解住房市场运行的关键，是政府制定住房政策的基本依据。住房价格指数是一个相对指标，用来反映不同时期房地产市场价格水平的变化趋势和程度。住房价格指数应该尽量排除各种外界因素的影响，而只反映由市场供求和货币购买力所引起的价格变化，形成所谓的纯粹价格指数。传统的价格指数编制采用匹配模型（matched - model）法，这种方法采用不同时点相同或相似的样本以控制质量不变。但在技术更新快、质量变化大时，匹配模型法很难控制质量不变。1995 年，美联储主席格林斯潘指出，美国的消费者价格指数（CPI）大约存在 0.5～1.5% 的高估。为验证这一观点，美国国会专门成立了 Boskin 委员会分析 CPI 的偏差，研究报告结论是这个偏差为 1.1%，报告进一步指出大约一半偏差来自产品更新与技术改进。正是在这一背景下，由于能够很好地揭示质量调整时价格的变动轨迹，Hedonic 价格指数受到越来越多的重视（Hulten，2003）。

Ferri（1977）、Palmquist（1980）是较早对住房价格指数进行研究的学者。他们采用的 Hedonic 价格模型包括住房结构特征、邻里、公共服务、可及性等变量，另外附加反映交易月份或年度的虚拟变量，这个描述价格随时间变化的虚拟变量的系数即可以用来建立价格指数。通过与传统指数对比，Ferri（1977）发现采用相同数据，1965～1975 年间传统指数上涨 86.2%，而 Hedonic 价格指数仅为 59.2%。这一差异正是由于后者剔除了由于样本住房楼龄的缩短、住房设备的改善等因素对价格的影响。换句话说，Hedonic 价格模型控制所有住房的质量相同，从而估计未受质量改变影响的价格变化。

Mark 和 Goldberg（1984）指出，20 世纪 50 年代技术进步导致对价格指数精度的研究。他们介绍了好的价格指数的评价标准，并按照这一标准，比较了对温哥华市采用 11 种方法建立的价格指数。

Case 等（1991）采用相同的住房交易数据对 Hedonic 价格模型、加权重复销售（weighted repeat – sales）模型和混合模型的估计结果进行了分析对比，发现一般的 Hedonic 价格模型会面临潜在的设定偏误和无效性，而加权重复销售模型的表现更差，混合模型将前面两个方法结合起来，避免了大部分的偏误和无效性。

Hill 等（2009）采用 Hedonic 指数、重复销售指数、中位数指数等三种方法对澳大利亚悉尼市 2001 至 2006 年间出现的楼价暴涨和暴跌进行了测度，三种方法测度的楼价波动趋势大体一致，但也出现一些差异，尤其是作者发现了 Hedonic 指数和重复销售指数样本偏误的证据。另外，后期样本住房的质量下降，导致中位数指数也产生偏误。他们还发现，在价格暴涨阶段（2003 年达到顶点）三种方法结果差异不大，而在后期的暴跌阶段出现较大差异。

2.4.3　住房供求分析

由于住房供给缺乏弹性，住房供求分析的重点主要在住房需求方面，而住房需求价格弹性常用作评估政策变动效果的重要指标。按照 Rosen 的两阶段方法，在估计出某一时点住房隐含价格的基础上，建立联立方程就可以估计住房特征的供求函数。许多学者在供求分析中尤为关注这种联立方程估计所带来的识别问题，也就是，消费者偏好的参数向量是否可以度量。

Palmquist（1984）提出了分析城市住房特征需求的估计框架，采用多个城市住房市场个体购房者数据识别需求曲线，同时还考虑了由非线性 Hedonic 方程求导出的隐含边际价格的内生性。尽管利用多个市场数据更宜于识别模型，但由于数据搜集和整理难度较大，实际上采用这种方法的文献并不多。

Bartik（1987）指出 Hedonic 估计的计量经济问题不是标准的供求相互作用引起的识别问题，基于传统假设的估计方法会导致出现偏误，他利用单一市场数据，采用工具变量的方法将残差项分解为观察不到的偏好特征和纯粹的随机误差，外生转换隐含价格需求函数。

Ermisch 等（1996）采用英国六个大城市的数据，通过 Hedonic 回归估计了住房需求的价格和收入弹性，并对样本选择问题进行了探讨。Chau 等（2001）估计了出于迷信和炫耀效应（show – off effect），香港人的幸运数字偏好对住房需求的影响。研究表明，幸运数字楼层的楼房差价在楼市繁荣期比在萧条期更高。在其他华人居住区（如新西兰的奥克兰市）也得到了类似的结论（Bourassa 和 Peng，1999）。

2.4.4　住房价格评估

住房价格评估是 Hedonic 住房价格模型的实务性应用领域。据 Colwell 和 Dilmore（1999），早在 1922 年，Hass 的硕士论文就探讨了 Hedonic 方法评估农用地价格的问题。但直到 20 世纪 70 年代，为适应以征收财产税为目的的大批量估价（mass appraisal）的要求，美国学者才开始研究 Hedonic 价格模型在房地产估价中的应用。如美国制定的《专业评估实务统一标准》（Uniform Standards of Professional Appraisal Practice）就正式将 Hedonic 价格模型作为大批量住房估价的一种方法。传统的房地产估价方法如收益法、比较法等较多的依赖于估价师的主观判断，而采用 Hedonic 价格模型评估住房价格，则主要依赖市场数据的统计分析，其结果较传统方法更客观、准确。早期的 Hedonic 估价研究多关注于建模方法的讨论，近期则侧重于利用现代信息技术对模型预测精度的改进，同时也注意可操作性问题。如 Peterson 和 Flanagan（2009）利用人工神经网络（ANN）建立 Hedonic 价格模型，Gonzalez 和 Formoso（2006）将基因模糊系统与 Hedonic 价格模型相结合，与传统估价方法对比，改进后的方法预测精度更高。

2.5　国内 Hedonic 住房研究现状

我国的 Hedonic 住房研究始于 20 世纪 90 年代后期，早期的研究仅限于对国外经验的简单介绍，如在价格指数方面，蒋一军和裴江辉（1996）介绍了一种基于 Hedonic 价格模型的房价指数编制方法。张宏斌和贾生华（2000）介绍了国外常用的 Hedonic 指数、重复销售指数和混合法指数；在价格评估方法方面，黄桐城（2000）提出了运用模糊综合评判进行住房价格评估的方法，该方法把模糊评判和 Hedonic 价格模型相结合，解决了住房价格评估中模糊特征的合理量化问题；另外还有刘强和黄澜（1999）的森林资源评价；刘东兰（2000）的水资源评价；崔保山和杨志峰（2001）的湿地资源评价；陈敬东（2002）和刘海林（2004）的房地产估价。上述文献只是对 Hedonic 方法做了泛泛的介绍，其贡献主要在于对 Hedonic 价格模型的引进。

鉴于当时国内住房市场刚刚启动，相关的数据资料非常匮乏，实证研究受到限制。直到 2003 年，才出现国内第一篇 Hedonic 住房研究的实证文献。清华大学的马思新和李昂（2003）借鉴国外 Hedonic 理论方法和研究经验，尝试构建了北京市商品住房价格的 Hedonic 价格模型。该文以住房信息网站的相关数据为样本，对模型进行了拟合分析，得出了可供实际应用的计量经济学模型，其目的是为房地产定价提供依据。随后，浙江大学的温海珍和贾生华（2004）通过收集杭州市西湖区住房交易资料，选择 15 个因素作为住房特征，建立了 Hedonic 住房价格模型。作为国内早期实证研究，上述文献对 Hedonic 住房价格研究进行了有益的尝试。

　　2005 年前的文献以对 Hedonic 方法介绍为主。虽然也出现实证研究，但多为国外经验的模仿，缺乏系统性的深入研究。受当时的条件限制，样本数量非常有限，马思新和李昂（2003）没有报告样本数量，温海珍和贾生华（2004）的样本数量仅 239 个。

　　2005 年以后，国内的 Hedonic 住房模型研究日益增多，研究范围也逐步扩大，除住房价格指数与住房影响因素分析外，出现了多篇研究城市轨道交通对房地产价格影响的文献，如梁青槐等（2007）、张红等（2007）、王明生等（2008）、王冲冲和陈怡慧（2009）等；应用 Hedonic 方法，王德和黄万枢（2007）除分析了上海市轨道交通对周边住房价格的影响外，还对公园绿地的影响作出定量估测；吴冬梅等（2008）研究了城市湖景生态景观对临近住房价格的贡献，认为 Hedonic 价格模型的定量分析，可以为生态景观的舒适性价值和生态服务价值等开征环境税，制定城市控制性详细规划及土地规划，优化土地利用结构与功能，合理地布局城市空间等提供可靠的理论依据和实证支撑。于璐等（2008）利用 Hedonic 价格模型对北京市住房价格空间梯度进行了实证研究，发现传统的单中心城市假设由于与实际偏离较大，模型解释能力不强。纳入方向区域变量后的修正模型解释能力显著提高，住房价格梯度在各空间区域表现出显著差异。他们认为这种空间互异性主要受交通基础设施与城市空间结构的影响。

　　在估计方法上，大多数文献均采用传统的 OLS 估计，但也有文献借鉴国外文献对半参数方法进行了研究，如王一兵（2005）、冷凯君（2005）。施继余等（2008）提出了住房的个体属性及外延属性的概念，并据此提出两阶段建模思想，从而弥补了以往只是基于住房个体属性建模以及价格模型缺乏动态性的不足。王莹等（2008）运用结构方程模型（Structural Equation Model）定量分析住房区位特征、楼盘特征、楼座特征和住房自身特征及这四种综合特征所包含的住房个别特征对住房交易价格的影响，用来具体度量消费者对它们的偏好差异。

总体来看，最近几年国内应用 Hedonic 价格模型对住房市场的实证研究在数量上有了很大的提高，但研究的范围和深度相对不足，发表期刊档次不是很高。迄今为止，国内文献中对 Hedonic 一词的中文译法也没有一个统一的意见，马思新和李昂（2003）用英文原文，温海珍和贾生华（2004）、于璐等（2008）翻译为特征价格，还有文献翻译为内涵价格（吴阿娜，2004）、享乐价格（黄桐城，2000；陈敬东，2002）等。

2.6 本章小结

Lancaster 的新消费者理论被认为是 Hedonic 价格模型的理论基础，该理论从消费者角度入手，巧妙地解释了消费者的效用与产品特征的关系，借助消费技术将产品特征引入效用函数。Rosen 的隐含价格理论则为实证分析提供了一个研究的框架，他从供给与需求两个方面，分析了均衡状态下 Hedonic 函数的边界。

虽然 Hedonic 理论最初并非产生于房地产领域，但由于这种方法在处理异质性商品方面的出色表现，现在已成为房地产市场研究中最重要的一种分析工具，无论在政策分析、价格评估以及价格指数编制等方面都发挥着重要作用。

经过近半个世纪的发展，Hedonic 理论逐渐完善，但在实证研究中还有大量的问题需要解决。Hedonic 研究在我国仍处于初级阶段，许多问题有待于进一步深入研究。例如：对于某种特定商品，其主要的特征有哪些？在什么样的条件下，构建的 Hedonic 价格模型才是稳健的？在环境发生改变的情况下，哪些变量需要引入模型，以保证回归估计的稳定？

第 3 章

理论模型与数据

成功的房地产实证研究需要具备两个基本条件：首先，房地产市场是一个地区性市场，要求研究者对研究区域的社会、经济、人文、地理、历史等背景有深入的了解，在此基础上构建理论模型。

其次，必须掌握可靠的样本数据。无论模型多么完美、技术多么先进，如果没有真实、准确、可靠的数据，实证研究不过是空中楼阁。Hedonic 方法自 Court 之后，经历 20 多年的沉寂，到 20 世纪 60 年代得以重新唤起学者们的研究兴趣，乃至于 20 世纪 80 年代以后逐渐成为住房市场研究最重要的一个模型，频频出现在国际一流城市经济学与房地产经济学杂志，如《城市经济学杂志》(Journal of Urban Economics)、《房地产经济学》(Real Estate Economics)、《房地产金融与经济学杂志》(Journal of Real Estate Finance and Economics)、《城市研究》(Urban studies)、《住房经济学杂志》(Journal of Housing Economics) 等，这无疑得益于：一是完善的数据库的建立，二是计算机的普及，否则，动辄上千甚至上万的数据很难搜集、处理完成。我国房地产市场真正形成仅有短短 10 余年历史，权威的房地产交易信息数据库尚未建立，缺乏样本数据成为我国房地产实证研究的瓶颈。进入 21 世纪，随着我国二手房市场的开放及互联网的普及，大量的房产信息网站如雨后春笋般在全国各地涌现，其中不乏专业的房地产经纪公司网站。不过，几乎所有网站的数据都不适合直接用做 Hedonic 研究，必须经过实地调查，对数据进行补充、完善。

综合考虑上述两个因素，作者选择保定市的二手房市场作为研究对象。

3.1 保定市概况

保定市是国务院批准的历史文化名城和对外开放城市，下辖新市区、北市区、南市区 3 个行政区，定州市、涿州市、安国市、高碑店市等 4 个县级市，高阳、易县等 18 县，另设高新技术产业开发区。总面积 2.2 万平方公里（其中：都市区面积 312.3 平方公里，建成区面积 96.81 平方公里），总人口近 1 100 万（其中：市区人口 105.5 万人），是河北省人口第一大市，在环渤海经济区域中居重要地位。保定历史悠久，具有三千多年历史，是尧帝的故乡，春秋、战国时期，燕、中山就在境内建都，元朝设郡，明朝建府，直隶总督署为清代八督之首。保定自古为京畿重地，为"冀北干城，都南屏翰"，是京师门户，曾"北控三关，南达九省，地连四部，雄冠中州"。保定之名，寓保卫大都（即北京）、安定天下之意。

保定市位于河北省中部，太行山北部东麓，冀中平原西部。北纬 38°10′~ 40°00′，东经 113°40′~116°20′之间。北邻北京市和张家口市，东接廊坊市和沧州市，南与石家庄市和衡水市相连，西部与山西省接壤。地处京、津、石三角腹地，市中心北距北京 140 公里，东距天津 145 公里，西南距河北省会石家庄 125 公里，直接可达首都机场、正定机场及天津、秦皇岛、黄骅等海港。京广铁路、107 国道、京珠高速公路、津保高速公路、保沧高速公路使保定拥有四通八达的交通网络，而已经开工的京石客运专线（高速铁路）和即将开工的保津城际铁路（高速铁路）将实现到北京 30 分钟和到天津 40 分钟的公交化联系，将进一步巩固保定市的区位优势。全市通讯畅达迅捷，移动通讯方面中国移动和中国联通先后在保定建设 3G 网络，成为全国首先开通 3G 网的 10 个城市之一，也成为同时拥有两个 3G 网的 3 个中国城市之一（另外两个为上海和无锡）；促定市城区内电力充足，生活服务设施齐全，医疗保健机构完善，文化娱乐场所众多。

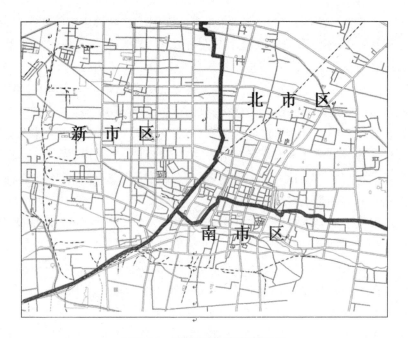

图 3.1 保定市城区行政区划图

Figure 3.1 Administrative map of Baoding city

随着建设"大北京经济圈"战略构想的提出，从保定市向外扩展，在 150 公里半径内，构成了北京、天津、石家庄、保定等城市为主，拥有 5 000 多万人口的多层次、大容量消费市场。保定市资源丰富，中东部平原是中国北方重要的粮食、绿色蔬菜和优质果品集中产区之一；西部山区蕴藏着丰富的矿产，铁、铜、铅、锌、花岗岩、大理石、石灰石、陶瓷原料等 50 余种金属和非金属矿产资源，潜在开发价值巨大。

保定市 2008 年国民经济平稳增长，综合实力进一步增强。年内实现生产总值 1 580.9 亿元，同比增长 11.7%。其中：第一产业增加值 247 亿元，同比增长 6.5%；第二产业增加值 763.6 亿元，同比增长 10.9%；第三产业增加值 570.3 亿元，同比增长 15.0%。人均国内生产总值 14 518 元，同比增长 11.0%，三次产业比重由 2007 年的 15.7：49.7：34.7 调整为 15.6：48.3：36.1。市场物价涨幅逐步回落，居民消费价格总水平较上年上涨 5.1%，低于全省涨幅（6.2%）1.1 个百分点，较上年一季度（7.9%）、1～2 季度（6.9%）和 1～3 季度（5.9%）分别回落 2.8、1.8 和 0.8 个百分点，其中：

消费品价格上涨 5.7%，服务项目价格上涨 2.9%。固定资产投资稳健增长，全年完成全社会固定资产投资 804.7 亿元，同比增长 23.7%，城镇固定资产投资完成 712.9 亿元，同比增长 34.8%，其中：建设项目投资完成 610.6 亿元，同比增长 33.4%，房地产开发投资完成 102.4 亿元，同比增长 43.9%。

依据保定市城市总体规划，预计到 2010 年将增加人口 7.76 万人，到 2012 年将增加人口 13.6 万人，2020 年将达到 125 万人。据市统计部门测算，2007 年，全市城镇居民人均可支配收入 10 925 元，农民人均纯收入超过 3 974 元，均居全省第五位。2007 年末，住房 27.7 万套，建筑总面积 2 767 万 m²，人均居住面积 26.5 平方米。近年，保定市房地产业异常活跃，住房面积迅猛增长，人均居住面积已接近全省、全国平均水平。二手房市场占据保定市住房市场的半壁江山，有超过一手房市场的趋势，二手房的成交量和价格都高于一手房。其中，综合环境好的热点区域房价涨幅较大，边缘区域也随之看涨。除了户型、物业、交通外，周边是否有学校、大型超市、医院等都成了人们买房考虑的因素。名校周边的房价明显高于同等住房的价格；小户型房的涨幅高于大户型，90 平方米以下的小户型占了成交额的 70% 以上。

保定属暖温带大陆性季风气候，四季分明，春季干旱多风，夏季炎热干燥，秋季气候凉爽，冬季寒冷有雪。年平均气温 12℃，年降水量 550 毫米。供暖期从 11 月中旬开始，次年 3 月中旬结束，居民取暖以暖气集中供暖为主。保定市居民生活燃料主要有液化石油气和天然气，其中天然气用户占居民总户数的 40%，北部各新建小区几乎全部采用天然气。天然气与液化石油气相比，具有使用更加方便、环保效益更加明显、气源和价格相对稳定等优势，已经为用户所青睐。

3.2　理论模型

Hedonic 住房价格模型的被解释变量为房价或租金。国外模型的住房特征解释变量通常分为建筑（物理）特征和外部性特征，其中，外部性特征又可以进一步分解为区位特征和邻里特征。在此基础上，鉴于我国住房市场的实际，本书构建的 Hedonic 住房价格模型增加了反映产权状况和交易状况的交易特征。这些特征对价格既可能有正的影响也可能有负的影响，从而引起住房价格升高或降低（见图 3.2）。

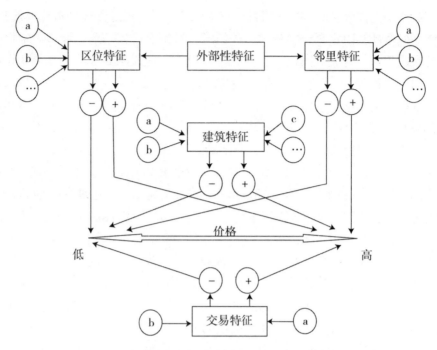

图 3.2　Hedonic 住房价格模型的基本分析框架

Figure 3.1　Basic analytical framework of hedonic housing price model

住房价格与上述住房特征之间的关系可表达为：

$$P = p\ (S,\ L,\ N,\ T) \tag{3.1}$$

式中 P 为住房价格；S 为住房建筑特征；L 为住房的区位特征；N 为住房的邻里特征；T 为住房的交易特征。Hedonic 理论没有为函数形式的选择提供理论指导，实践中多通过实证检验，基于拟合度标准，在线性、半对数、双对数等常用模型中作出选择，本书第 4 章将对此问题进行深入的探讨。

3.3　数据来源

不同研究目的、不同研究方法对数据有不同的要求。Hedonic 研究的基础数据除了要求提供价格信息外，还必须提供详细的住房结构、区位、邻里、交易等特征信息。如果用于分析某个特征如临近公交站点对房价的影响，只需短期的横截面数据即能满足要求；而分析房价随时间的波动规律，则需要较长时间的混合横截面数据；再有，样本数量必须足够大。这无疑给数据搜集带来极大困难。国外 Hedonic 研究所需价格数据归纳起来有三个来源：1）交易价格；2）调查价格；3）评估价格（Pollakowski，1995）。

交易价格的优点是反映实际的价格水平。缺点是搜集难度大；市场上交易的数量只占现有住房存量的很小比重，可能不具有代表性；有些情况下，出于某种原因，交易价格可能会偏离正常价格。

调查价格可以弥补上述缺陷。美国人口普查局（Bureau of the Census）每2年进行全国范围的住房普查（American Housing Survey），普查报告可以提供数十万全国住房价格及其特征信息。缺点是房价为住户自估价格，而非来自实际交易；此外，报告中缺少比较详细的住房邻里特征。Nelson 将房主对房价估计的中间值与从华盛顿地区调查中获得的专业评估的中间值进行了比较，发现房主的估计值普遍高出后者 3~6 个百分点，而二者零阶相关系数则接近 0.9 或更好（弗里曼，2002）；Goodman 和 Ittner（1992）、Kiel 和 Zabel（1999）也得出同样的结论，他们发现自估价格通常比最终成交价格高 6% 和 5% 左右，但这一差异与住房特征无关。因此，如果这些价格的误差是随机的，则统计分析得出的估计值就应该是无偏差的。

美国每年都要为征收房地产财产税进行大批量房产估价，税务部门或估价公司掌握大量评估价格数据。与调查价格类似，评估价格不是实际交易价格，而且目前美国以征税为目的的大批量估价往往采用 Hedonic 方法。采用这样的数据无异于复制先前的 Hedonic 估计，结果的可靠性缺乏保证。

国内难以获取数量足够大的住房交易价格，大多数实证研究采用网上的挂牌价格，如马思新和李昂（2003）、张红等（2007）。虽然也有文献采用实际交易价格，但样本数量均很少，且不是单套住房价格，而是楼盘均价。如梁青槐等（2007），其样本数量仅 70 个。

本书实证研究既需要跨越较长的年份，又要涵盖城市内部所有地理区域，需要大量的样本数据，因此排除了交易价格和评估价格数据。据作者调查，对于委托的房源，专业中介公司一般先由委托方提供一个最初价格，这个价格类似于前述自估价格，中介公司则根据对市场的判断向委托方提出调整建议，最终确定挂牌价格。实际成交价格往往稍低于挂牌价格，但差距不大。本书旨在分析住房相对价格的变动，如果挂牌价格与成交价格呈稳定的相关关系的话，挂牌价格所反映的价格变动情况就应该与实际相符。

通过对房地产信息发布网站的考察，最后选定保定市嘉信房产网（ht-tp：//www.bdhouse.net）的二手房数据作为本书实证研究样本数据。保定市嘉信房产网隶属保定市嘉信房地产经纪有限公司，公司成立于1997年，是集房地产咨询、营销策划；楼盘代理、房地产经纪居间代理；二手房买卖、租赁；广告设计、制作、代理、发布为一体的大型房地产服务机构。经过多年的快速发展，嘉信现已成为保定市房地产经纪行业中颇具实力的品牌。网上二手房登记信息包括：项目名称、所在位置、挂牌价格、建成日期、建筑面积、结构类型、户型、产权状况、所在楼层、总楼层、装修情况、配套设施、登记日期、其他。上述信息对住房结构特征描述较为详细，但区位和邻里环境描述很少。为此，借助图吧网（http：//www.mapbar.com）、百度地图网（http：//map.baidu.com）以及实地调查，补充了环境质量、临近名校和交通条件变量。其中环境质量主要考察所在小区的物业管理水平、卫生、绿化、治安、景观等因素，上述因素相关程度较高，故归纳为环境质量一个变量，分成好、差两种水平。国外已有大量文献就临近学校质量对住房价格的影响展开研究，所选变量包括临近学校学生参加综合考试的成绩、学校的日常支出、师资构成等，但这些数据目前在国内还很难搜集。结合保定市实际情况，本书选择"临近名校"变量。保定市中小学升学实行划片就近入学政策，为使子女能够进入教学质量比较高的学校，家长往往优先选择在名校附近购房，这些学校包括县学街小学、保师附小、前卫路小学、保定一中、二中、三中、八中、十七中等。临近名校即指样本位于上述学校片内。交通条件根据样本是否临近公交站点确定，国外研究多按步行到公交站点时间（如步行不超过10分钟即认为交通条件较好）或到公交站点距离（如500米或1英里）划分。本书设定为样本所在范围500米以内设有公交站点即认为交通条件好。

从2007年8月，本书作者开始追踪嘉信网站数据。截至到2010年1月，已搜集样本数据的挂牌时间跨度自2006年1月到2009年12月。整理完成用于实证研究的样本为2006年10月到2009年6月底，为建模方便，研究仅限于多层住房，剔除商业用房、高层住房和异常值后，样本总数为14810个。

3.4　变量定义与描述

本书 Hedonic 住房价格模型被解释变量为挂牌出售价格，为比较价格水平高低，首先统一价格标准，采用住房建筑面积单价。其次，统一价格构成。嘉信数据中大部分样本价格为纯住房价格，不含其他相关费用。但也有一部分样本价格含后期费用，主要有维修基金，一般占原购房价款（卖主买房时的价款）的 2%，燃气初装费 3 000 多元，其他费用 1 000 ~ 2 000 元；转让费和中介费各占房价的 1% 左右等。本书将住房价格定义为纯住房价格，不含后期费和转让费等其他费用，对包含其他费用的样本将这些费用从挂牌价格中予以剔除。另外房价中也不含地下室、车库或小房等的价格。

Hedonic 住房价格模型中的解释变量按研究目的分为"关注变量（focus variable）"、"自由变量（free variable）"、"不确定变量（doubtful variable）"三类（Palmquist，2006），其中关注变量是实证研究所要讨论的一个或几个变量，如环境研究中空气质量变量，时间虚拟变量法价格指数研究中的时间虚拟变量等。自由变量是一种控制变量，如测度价格变动时，模型中引入建筑特征、邻里特征等变量，目的是控制质量不变，以得到住房纯粹的价格波动。不确定变量是指那些既可以放在模型里，也可以不放在模型里的变量，视其对关注变量的影响而定。

对于住房特征，绝大多数国外文献将解释变量分为建筑特征、区位特征、邻里特征。但在不同的国家和地区，解释变量的选择与定义各不相同，如一些文献将楼龄定义为连续变量，另一些文献则划分为不同阶段的虚拟变量。Sirmans 等（2005）对国外文献中的解释变量组成做了详细的讨论，该文分析了过去 10 年间 125 篇国外文献，归纳出 Hedonic 住房价格模型中出现最多的 20 个解释变量，见表 3.1。

从表 3.1 可见，Hedonic 住房价格模型中出现最多的解释变量是楼龄，大部分楼龄符号为负，反映了住房的折旧，但也有文献该变量符号为正或不显著。绝大多数楼龄采用连续变量，但也有少部分文献对楼龄按时间段采用虚拟变量。文献中出现频率排第二的解释变量是建筑面积，用连续变量表示，国外文献相当一部分被解释变量采用住房总价，所以建筑面积对价格有正向影响。其次是虚拟变量车库、壁炉与连续变量占地面积。车库从未是负值，但在少数文献中不显著；壁炉仅在少数几个文献中呈负数，占地面积始终为正数。楼层数在模型中出现不多，原因是：国外文献，尤其是美国文献研究的多为独户住房，这里的楼层数是单套住房的总楼层数，对价格影响不大。

表 3.1　Hedonic 住房价格模型中出现次数最多的 20 个特征变量

Table 3.1　The twenty characteristics appearing most often

in hedonic pricing model studies

变量	出现次数	符号为正次数	符号为负次数	不显著次数
占地面积	52	45	0	7
占地面积对数值	12	9	0	3
建筑面积	69	62	4	3
建筑面积对数值	12	12	0	0
砖结构	13	9	0	4
楼龄	78	7	63	8
楼层数	13	4	7	2
卫生间数	40	34	1	5
房间数	14	10	1	3
卧室数	40	21	9	10
全套浴室	37	31	1	5
壁炉	57	43	3	11
空调	37	34	1	2
地下室	21	15	1	5
车库	61	48	0	13
平台	12	10	0	2
游泳池	31	27	0	4
距离	15	5	5	5
售出时间	18	1	8	9
交易时间	13	2	3	8

资料来源：Sirmans 等（2005）

　　国内住房大多为单元楼，住房结构与国外文献中的独户住房不同，而且不同地区消费者需求偏好不同，解释变量的选择必须建立在对当地住房市场详细调查的基础上。

模型解释变量分为建筑特征、区位特征、邻里特征和交易特征，其中建筑特征包括住房面积、楼龄、楼层、配套设施、装修；区位特征包括行政区划、临街状况、交通条件；邻里特征包括小区环境、临近学校质量；交易特征包括产权状况、挂牌时间、交易情况等。

表 3.2 变量定义

Table 3.2 Definition of variables

特征分类	变量符号	变量名称及定义
建筑特征	*area*	建筑面积，连续变量
	areasq	建筑面积二次项，连续变量
	age	竣工年度到挂牌时间的楼龄，连续变量
	botfl	楼层相对位置为底层，虚拟变量
	subbotfl	楼层相对位置为次底层，虚拟变量
	mediumfl	楼层相对位置为中层，虚拟变量
	subtopfl	楼层相对位置为次顶层，虚拟变量
	topfl	楼层相对位置为顶层，虚拟变量
	noheat	没有暖气，虚拟变量
	heat	配有暖气，虚拟变量
	heatgas	配有暖气和天然气，虚拟变量
	centheat	配有中央空调，虚拟变量
	interior	已进行装修，虚拟变量
	yard	附送小院，虚拟变量
区位特征	*nanshiqu*	南市区，虚拟变量
	beishiqu	北市区，虚拟变量
	xinshiqu	新市区，虚拟变量
	trans	交通条件较好，虚拟变量
	frontage	临街，虚拟变量
邻里特征	*enviro*	环境较好，虚拟变量
	school	临近重点学校，虚拟变量

续表

特征分类	变量符号	变量名称及定义
交易特征	*public*	公有住房，虚拟变量
	eager	急售，虚拟变量
	$t_{064} - t_{092}$	挂牌时间从 2006 年第四季度到 2009 年第二季度，虚拟变量

建筑特征中的住房面积和楼龄为连续变量。从理论上分析，人们对住房面积的需求具有边际效应递减的趋势，因此参照 Halstead 等（1997）对该变量引入二次项：*area* 为样本的建筑面积，*areasq* 为建筑面积二次项；*age* 为楼龄，即从竣工时间到挂牌登记时间相隔的年数，反映住房折旧[①]。本书仅对现房样本进行分析，楼龄最小为 0，即挂牌登记当年竣工。

其他特征均为虚拟变量，具体定义如下：住房所在楼层是影响我国消费者住房决策的一个重要因素。国外实证样本多为独户住房，楼层变量很少出现在模型中；与此不同，我国居民住房多为单元楼，居住楼层也是影响购房决策的一个重要因素。国内实证模型几乎都包含楼层变量，但往往用所在楼层的绝对层数，如温海珍和贾生华（2004）。这样就造成了楼层数相同的样本，有的是中间楼层，有的可能是顶层。众所周知，消费者所关心的是相对楼层位置，因此以楼层的绝对层数作为反映消费者楼层偏好的变量是不恰当的。实证样本选用多层住宅，总楼层数从 2 层到 7 层，为减少解释变量数，将样本所在楼层分为底层（*botfl*）、次底层（*subbotfl*）、中层（*mediumfl*）、次顶层（*subtopfl*）、顶层（*topfl*）5 个档次的虚拟变量，反映所在楼层在整个建筑物中的相对位置。以总层数是 6 层的住房为例，1 层为底层，2 层为次底层，3、4 层为中层，5 层为次顶层，6 层为顶层。在北方地区，采暖设施对住房价格有较大的影响，故模型中引入该变量，如没有暖气 *noheat* 为 1，有暖气则 *heat* 为 1，水电双气（暖气和天然气）*heatgas* 为 1，采用中央空调则 *centheat* 为 1。虽然精装修与简装修价格会有非常大的差异，但室内装修情况难以详细调查，对此本书仅在模

---

① 在 Hedonic 模型中引入二次项是国外文献中比较普遍的设定方法，如 Halstead 等（1997）、Ioannides 和 Zabel（2003）。本书同时对楼龄和住房面积设定了二次项，估计结果显示住房面积加入二次项后拟合度会提高，而楼龄加入二次项不会改善模型的拟合效果，且楼龄参数 t 检验不显著。

型中引入装修变量，以估计已装修住房与未进行室内装修住房的平均价格差异，如果已进行室内装修 *interior* 为1；赠送小院的住房价格更高，为此引入变量 *yard*。

在区位特征中，参照 Kuminoff 等（2008），在模型中引入空间效应变量，将保定市按行政区划分为南市区（*nanshiqu*）、北市区（*beishiqu*）、新市区（*xinshiqu*）。临街住房除污染、噪音等因素外，安全性和私密性均较差，其价格因此受到影响，模型中的 *frontage* 若为1，则表示该样本临街；交通条件一直是影响住房价格的一个重要因素，大凡交通便捷、公交站点集中地带，其房价通常较高，如果样本附近500米设有公交站点，*trans* 为1。

邻里特征包括小区环境和是否邻近名校。随着生活水平的提高，人们越来越重视居住环境的质量，若小区环境好则 *enviro* 为1；保定市执行中小学划片入学政策，为方便子女就学，许多家长愿意在教学质量较高的名校附近置业，*school* 为1表示该样本位于名校片内。

交易特征包括公房、急售、挂牌时间。保定市二手房市场中除商品房外，还存在大量的原直管公房和自管公房，由于产权不完整，其价格明显低于普通商品房价格，为反映产权状况对房价的影响，引入产权虚拟变量，如果是公有住房则 *public* 为1。样本单价为正常交易条件下的挂牌价格，但有些委托人由于种种原因急于达成交易，这种情况在登记信息中特别注明为"急售"，他们的要价往往低于正常水平，为此在模型中引入变量 *eager*。由于挂牌价格登记时间自2006年10月到2009年6月，为反映价格随时间变动的趋势，同时保证每一时段有足够的样本数量，将挂牌时间按季度分为11个时间段 t_{064} 到 t_{092}，其中2009年4~6月为 t_{092}。

对于国外文献研究最多的独户住房而言，占地面积属于其私有财产的一部分，面积大小对房价有显著影响；国内住房绝大部分是单元式住宅楼，占地面积属于公摊面积，边界本身也不明确，故本书未选用该变量。通常引入更多的变量可以避免模型的遗漏变量偏误，但这可能会带来多重共线性问题，通过VIF检验发现房间数量（卧室数量、客厅数量、卫生间数量）与建筑面积之间存在多重共线性，一般面积越大，房间数量越多，因此模型未设定房间数量变量。此外，本书模型也未选用到CBD的距离，主要有以下两个原因：一是随着城市化进程，保定市已从传统的单中心城市发展为多中心城市，人们的工作、购物、娱乐等活动地点较为分散，国外也有文献表明到CBD的距离对房价影响不显著（Branas – Garza 等，2002）；二是该变量的度量难度和工作量都非常大，留待今后的研究中借助 GIS 系统和空间计量经济学方法对此进行深入的分析。

第 4 章

Hedonic 住房价格模型的选择与实证检验

4.1 引言

　　无论研究目的是分析住房特征的隐含价格还是预测住房价格，准确地设定住房特征与价格之间的关系都是实证研究中最关键的一项工作。早期的 Hedonic 函数往往凭借主观判断确定，尽管 Rosen（1974）的隐含市场理论构建了 Hedonic 实证研究的基本框架，但也并未对变量及函数形式的选择提供明确的指导，有鉴于此，国外一些学者对模型设定问题展开了深入研究。Butler（1982）分析了选择不恰当的解释变量导致的模型设定偏误；Goodman 和 Kawai（1984）、Halvorsen 和 Pollakowski（1981）、Huh 和 Kwak（1997）、Kuminoff 等（2008）研究了模型的函数形式选择问题。不过，绝大多数文献中的模型设定多通过几种常见函数的实证实验（empirical experimentation）（Forrest, 1991），在拟合度标准的基础上做出选择。

　　我国的房地产理论及实证研究长期落后于欧美国家，直到进入 21 世纪才有学者开始利用 Hedonic 价格模型分析城市住房市场，而且大多只是借鉴国外经验，直接设定某种形式的 Hedonic 函数，没有对模型设定问题进行系统的分析，如马思新和李昂（2003）、温海珍和贾生华（2004）等。众所周知，由于房地产的位置固定性，房地产市场是一个区域性市场，受政治、经济、文化等因素影响，不同国家，不同地区之间存在很大差异。显而易见，如果仅凭主观判断进行模型设定，其研究结果难以令人信服。因此，在我国城市住房的 Hedonic 研究中，如何选择恰当的解释变量和准确的函数形式，成为学术界亟待解决的重要课题。

本章的目的在于针对我国住房市场特点，对 Hedonic 住房价格模型的选择问题进行研究。简要介绍了 Box – Cox 变换方法，对国外文献中的 Hedonic 住房价格模型函数选择问题进行回顾，并分析了国内研究存在的不足；以河北省保定市住房市场为例，通过 Box – Cox 变换建立 Hedonic 函数，利用对数似然比与样本外预测的 Theil U 统计量对文献中出现最多的线性、半对数、双对数等函数形式与 Box – Cox 函数的拟合效果进行评估，从中确定最佳函数形式。

4.2 函数形式选择问题研究

准确的 Hedonic 价格模型设定不仅需要选择恰当的被解释变量和解释变量，而且需要确定正确的函数形式。由于 Hedonic 价格模型是一个反映供求关系的简约方程，其函数形式难以借助经济理论做出正确的选择。早期的 Hedonic 研究多凭主观判断选用简单的函数形式，如线性、半对数和双对数等，基于拟合度标准选用一个较为恰当的函数。随着计算成本的降低，人们开始尝试采用更为复杂的函数形式，其中应用最为广泛的就是 Griliches 所建议的利用 Box – Cox 变换技术寻找最佳函数形式。但是，无论采用哪种方法，函数形式选择问题最终都是通过对样本数据的拟合做出回答。

对数据进行变换是统计分析中常用的一种处理手段，Box – Cox 变换最初目的是为满足古典线性回归模型中残差的同方差性和正态分布条件，以达到最少交互项的简单线性函数形式。事实上，Box – Cox 变换很难同时满足上述条件，人们更多将其用于回归模型的选择[①]。Box 和 Cox（1964）设计出的变换形式如下：

$$y^{(\lambda)} = \begin{cases} \dfrac{y^{\lambda} - 1}{\lambda}, & \lambda \neq 0 \\ \log y, & \lambda = 0 \end{cases} \qquad (4.1)$$

式中 λ 是变换参数。值得注意的是，该式只有在 $y > 0$ 时才适用，因此对于取负值的样本数据，必须对公式进行修正。Box 和 Cox（1964）给出了第二种变换形式：

---

① 早期通过 Box – Cox 变换选择最佳模型主要应用于金融经济学和收入分析等方面，随后在生物、医学等领域也得到广泛应用。Sakia（1992）给出了一个详细的综述。

$$y^{(\lambda)} = \begin{cases} \dfrac{(y+\delta)^{\lambda} - 1}{\lambda}, & \lambda \neq 0 \\ \log(y+\delta), & \lambda = 0 \end{cases} \qquad (4.2)$$

式中 λ 含义同式（2），$y > -\delta$。

Box - Cox 变换的优势在于，它不需要对解释变量与被解释变量间的关系事先施加任何约束，变换参数 λ 的值可以通过估计得出，并且给出最佳拟合数据的函数形式。可以仅对被解释变量或仅对解释变量，也可以对二者均进行变换。根据变换的函数关系可以将变换分为线性变换和二次变换。线性变换的标准形式为：

$$P^{(\theta)} = \alpha_0 + \sum_{j=1}^{k} \beta_j Z_j^{(\lambda_j)} + \varepsilon \qquad (4.3)$$

式中 θ、λ_j、α_0 和 β_j 即为通过格点搜索（grid search）进行极大似然迭代计算求得的最佳函数形式参数值。极大似然估计表达式如下：

$$L_{\max} = (\theta - 1) \sum \log P - \frac{n}{2} \log(2\pi) - \frac{n}{2} \log(\sigma^2) - \frac{1}{2\sigma^2} \sum \left[\frac{P^\theta - 1}{\theta} - \right.$$

$$\left. \alpha - \beta \frac{Z^\lambda - 1}{\lambda} \right] \qquad (4.4)$$

根据 θ 和 λ 的取值不同，函数形式发生变化。这样，就可以从模型的一般形式出发，选择一个最合适的模型形式。如果 $\theta = \lambda = 1$，模型为线性；$\theta = \lambda = 0$ 为双对数；$\theta = 0$ 且 $\lambda = 1$ 为半对数。

在一篇影响深远的文献中，Halvorsen 和 Pollakowski（1981）建议采用更为灵活的二次 Box - Cox 函数形式：

$$P^{(\theta)} = \alpha_0 + \sum_{j=1}^{k} \beta_j Z_j^{(\lambda)} + \frac{1}{2} \sum_{j=1}^{k} \sum_{r=1}^{k} \gamma_{jr} Z_j^{(\lambda)} Z_r^{(\lambda)} + \varepsilon \qquad (4.5)$$

当式中 θ 和 λ 分别取 0 或 1 时，其不同的组合即可得到几种常见的函数形式：线性、半对数、双对数、线性二次、半对数二次、超对数等。显而易见，这种方法考虑了多种函数形式，大多数常用的函数形式嵌套在二次 Box - Cox 函数中。然而，由于计算程序的限制，往往将研究模型限制为所有解释变量都具有相同的变换参数。这样，如果 Hedonic 研究的重点是某个次要特征如空气质量，变换参数值可能由更为重要的住房面积或楼龄等特征决定，空气质量变量的错误变换可能对环境因素变化的福利度量产生极大影响。正是由于这一考虑，Halstead 等（1997）采用另外一种更为灵活的函数形式，将环境变量与其他变量分别进行变换。而 Cassel 和 Mendelsohn（1985）则与此相反，他们建议采用简单函数形式的模型。

Cassel 和 Mendlsohn（1985）指出，复杂的二次 Box - Cox 函数使估计参数数目大大增加，这一方面无助于提高单个特征变量估计的精确度，另一方面交互项的存在使得对边际隐含价格的解释变得更加困难。此外，Hedonic 价格模型中的遗漏变量或误设变量可能会降低二次 Box - Cox 函数的可靠度。这正是 Cropper 等（1988）在对多个函数形式估计隐含价格准确性的蒙特卡罗模拟研究中发现的问题。如果估计方程包含全部特征变量，那么二次 Box - Cox 函数形式表现出色，尽管并不比线性 Box - Cox 函数形式更好。然而，如果模型中存在遗漏变量或未进行正确设定的变量时，二次 Box - Cox 函数形式表现很差。线性 Box - Cox 函数形式甚至更简单的函数形式（线性、半对数）更佳。因此，近年的文献中，简单的函数形式（线性、半对数、双对数或者线性 Box - Cox）占主导地位①。

在 Hedonic 住房价格研究中，最早采用 Box - Cox 变换的是 Goodman 和 Kawai（1984），他们将美国纽黑文市的住房市场按年代（1967 ~ 1969）和 5 个区域划分 15 个子市场分别建立 Hedonic 价格模型进行分析。一般认为，似然函数值对被解释变量的变化比对解释变量的变化更敏感。因此 Goodman 和 Kawai（1984）的模型仅对被解释变量进行变换，15 个模型的变换参数均不相同，变化范围从 0 到 1.2，其中 11 个模型的线性、双对数和半对数函数形式被拒绝。由于没有对解释变量进行变换，Goodman 和 Kawai（1984）的模型无疑有一定的局限性。此后的研究多对解释变量和被解释变量同时变换，不过格林（2007）认为这种变换方法过于繁琐，为此 Palmquist（1991）建议除被解释变量外，仅对所需研究的解释变量进行变换。Milon 等（1984）采纳了这一建议。

Milon 等（1984）认为 Hedonic 分析需要将住房特征进行分解，而普通的线性关系假定特征之间相互独立，这样做会简化特征分解过程，但如果特征之间存在相互依赖关系，则会导致错误的结论。线性、半对数等函数强制性地对

---

① Kuminoff 等（2008）对此进行了详细的分析，通过 SSCI 文献检索，在 1988 ~ 2008 年发表的 61 篇 Hedonic 住房价格模型中有 47 篇采用线性、半对数或双对数等简单函数形式，约占四分之三；其余文献大都采用线性 Box - Cox 变换。

隐含价格函数的形式加以约束，由于对供求双方的住房特征偏好不确定，事先对房价与住房特征之间施加约束就会使数据中重要的交易双方偏好信息模糊不清。而 Box – Cox 变换不需对函数形式事先施加约束，估计出的变换参数能够描述最佳拟合数据的函数形式。Milon 等（1984）为了分析佛罗里达州 Apalachicola 海湾附近三个小岛上的房价受海景的影响，分别构建了三个 Hedonic 价格模型，模型仅对房价和邻近海湾距离变量进行线性 Box – Cox 变换，θ 从 0. 323 6 到 0. 498 3、λ 从 – 2. 5 到 0. 180 2。通过对数似然比检验，其他函数形式均被拒绝。Milon 等进一步建立二次 Box – Cox 函数，但结果并不比线性函数更好。

Halstead 等（1997）对 Milon 等（1984）的模型进行了改进，他们利用线性 Box – Cox 变换技术建立了垃圾处理场对住房价格影响的 Hedonic 价格模型。由于研究重点是垃圾处理场对房价的影响，在设定函数时，Halstead 等（1997）对解释变量设定 2 个变换参数，一个是对所有区位解释变量（到垃圾处理场的距离、到 CBD 距离、到高速路距离以及上述三个变量的二次项）设定相同变换参数；对其他住房结构特征变量设定第二个变换参数。对几种常见函数形式的对数似然比检验表明双对数函数拟合度较高。

Huh 和 Kwak（1997）发现，应用 Hedonic 分析技术对韩国住房市场进行研究，绝非简单地将国外经验移植到本国，必须对当地住房市场进行深入的调查分析，根据当地具体区域及文化特征选择适当的解释变量。他们采用 Box – Cox 技术对各种函数形式进行了比较，变换参数 $\theta = 0$、$\lambda = 1. 223$ 为最佳函数。通过与美国、日本和香港的研究结果比较发现，不仅函数形式存在显著差异，而且解释变量符号在不同国家也不尽相同。譬如，在欧美国家，邻近医院会提高房价，但由于文化和习俗上的差异，韩国人不愿意住在医院附近，导致医院附近房价偏低。

Kuminoff 等（2008）在 20 年后重新对 Cropper 等（1988）的研究进行了拓展，他们发现无论是否存在遗漏变量，在线性模型中加入空间固定效应（人口统计区虚拟变量）会显著改善模型的拟合度；而对二次 Box – Cox 模型加入空间效应，只对存在遗漏变量的模型有所帮助。同时，增加样本数量会改善模型的相对表现①。

————————————

① Cropper 等（1988）的观察样本仅有 120 个，Kuminoff 等（2008）将样本数增加到 2 000 个。

国内的 Hedonic 住房价格模型大多参照国外经验设定某种函数形式。马思新和李昂（2003）利用2001年的数据对北京住房价格影响因素进行了分析，通过对双对数函数和半对数函数 R^2 和 t 统计量的比较，认为双对数模型拟合效果更优；温海珍和贾生华（2004）利用2002年成交的239个样本数据，采用了线性形式和半对数形式对杭州的住房市场进行研究，凭借对 R^2 的比较，认定半对数函数预测能力更强，优于线性函数形式。不难看出，国内文献缺乏对最佳函数形式选择的系统性研究，仅凭 R^2 和 t 检验等统计量作为选择最佳函数的标准过于粗略。正如 Halstead 等（1997）指出的那样，如果没有采用科学的检验方法选择恰当的函数形式，就很难得出正确的 Hedonic 实证研究结论。

表4.1 国内外 Hedonic 住房价格模型的函数形式

Table 4. 1 Functional form of hedonic housing price model at home and aboard

作者	地点	数据来源	样本数	价格类型	函数形式	选择依据
Ferri（1977）	Fayette County, Kentucky（USA）	Multiple Listing Sevice of Fayette County, Kentucky	5 000	交易单价	半对数	未报告
Jackson（1979）	Milwaukee（USA）	Census Tract Data	147	自估房租单价	线性	未报告
Halvorsen 和 Pollakowski（1981）	San Francisco Bay Area（USA）	Transportation Study Commission	5 727	自估价格	二次 Box－Cox, $\theta=0.06$, $\lambda=0.28$.	对数似然比
Brookshire 等（1982）	Los Angeles（USA）	Market Data Center	634	交易总价	双对数	R^2
Gabriel（1984）	Beer Sheva（Israel）	Local Real Estate Agents	78	挂牌总价	线性	未报告
Goodman 和 Kawai（1984）	美国20个城市	Annual Housing Survey	20 000	自估房租总价	线性单边 Box－Cox	Box－Cox
Mark 和 Goldberg（1984）	Voncouver（Canada）	British Columbia Assessment Authority	8 282	交易单价	半对数	未报告

作者	地点	数据来源	样本数	价格类型	函数形式	选择依据
Milon 等 （1984）	Apalachicola Bay, Florida（USA）	County Tax Assessor's Office	917	交易总价	线性 Box – Cox，解释变量仅对到海湾的距离进行了转换	对数似然比
Cassel 和 Mendelsohn（1985）	Seatlte, Los Angles（USA）	未报告	423 548	未报告	线性 Box – Cox，$\theta = 0.8$，$\lambda = 2.1$（Seattle）；$\theta = 0.4$，$\lambda = 2.0$（LA）	对数似然比
Dotzour 和 Levi（1993）	Ramsey County, Minnesota（USA）	Board of Realtor's Multiple Listing Service	708	交易总价	线性	未报告
Gatzlaff 和 Ling（1994）	Dade County, Florida（USA）	Florida Department of Revenue's Property Tax Records	248 547	交易单价	半对数	Box – Cox
Knight 等（1995）	Baton Rouge, Louisiana（USA）	Multiple Listing Service	4 190	交易单价	双对数	未报告
Halstead 等（1997）	Belchertown, Massachusetts（USA）	Multiple Listing Service	103	交易总价	线性 Box – Cox，距离解释变量引入二次项与其他解释变量分别转换 $\theta = 0$，$\lambda_1 = 0$，$\lambda_2 = 0.295$	对数似然比

续表

作者	地点	数据来源	样本数	价格类型	函数形式	选择依据
Huh 和 Kwak (1997)	Seoul (Korea)	Survey on Housing Finance and Market	235	住房总价	二次 Box – Cox, $\theta = 0$, $\lambda_1 = 1.223$, $\lambda_2 = 0$	对数 似然比
Gagne 和 Ouellette (1998)	Christchurch (New Zealand)	Multiple Listing Service	5 344	交易总价	双对数（仅对占地面积与住房面积取对数，楼龄未取对数）	未报告
Downes 和 Zabel (2002)	Chicago, Illinois (USA)	American Housing Survey	2 113	自估总价	双对数	未报告
Maurer 等（2006）	Paris (France)	d1Informations Economiques Notariales	84 686	交易单价	线性 Box – Cox, $\theta = 0.11$, $\lambda = 0.14$	Box – Cox
Kuminoff 等（2008）	Wake County, North Carolina (USA)	Wake County Revenue Department	2 000	交易总价	加入空间变量线性函数较优	Box – Cox
Sandera 和 Polasky (2009)	Ramsey County, Minnesota, (USA)	Metro GIS Regional Parcel Dataset	4 918	交易总价	半对数	线性、半对数、双对数，单边 Box – Cox、双边 Box – Cox

续表

作者	地点	数据来源	样本数	价格类型	函数形式	选择依据
Andersson 等（2010）	Tainan Metropolitan Area (Chinenes Taibei)	Department of Land Administration	1 550	交易总价	线性 Box－Cox	Box－Cox
马思新和李昂（2003）	北京（中国）	天朗房网	未报告	挂牌价格	双对数	双对数、半对数 R^2, t
温海珍和贾生华（2004）	杭州（中国）	中介公司	239	交易单价	半对数	线性、半对数, R^2, t
邹高禄（2005）	成都（中国）	未报告	233	二手房销售总价	双对数	未报告
郭文刚等（2006）	杭州（中国）	中介公司	2 473	未报告	线性	未报告
梁青槐等（2007）	北京（中国）	调查	70	楼盘均价	半对数	未报告
谷一桢和郭睿（2008）	北京（中国）	搜房网等网站	141	楼盘开盘均价	半对数	未报告
吴冬梅等（2008）	南京（中国）	房地产网站	190	二手房挂牌总价	半对数	线性、半对数, R^2, t
于璐等（2008）	北京（中国）	北京房地产信息网	885	楼盘平均挂牌单价	双对数	未报告

4.3 模型设定和实证检验

4.3.1 模型设定

实证数据来自河北省保定市嘉信房产网 2006 年 10 月～2009 年 6 月登记的商品住房挂牌出售价格。样本总数为 14 810 个，其中 10% 的数据用作样本外预测，因此回归样本数据为 13 329 个，样本外数据为 1 481 个。具体变量定义见表 3.2。由于一些变量如室内装修情况，以及国外文献出现较多的邻里平均收入、犯罪率等难以搜集，模型中不可避免地存在着遗漏变量，参照 Cropper 等（1988）等，采用线性 Box – Cox 变换。函数表达式如下：

$$P^{(\theta)} = \alpha_0 + \sum_{j=1}^{k} \beta_j Z_j^{(\lambda)} + \sum_{t=1}^{T} \beta_t D_t + \varepsilon \qquad (4.6)$$

式中被解释变量 P 为住房建筑面积单价。解释变量为影响价格的住房特征，变量选择主要考虑数据的可获得性以及信息的全面性与模型的简约性之间的权衡，同时也要避免变量的多重共线性问题。Z_j 为住房特征连续变量，D_j 为住房特征虚拟变量；θ 为被解释变量变换参数，λ 为解释变量变换参数；α_0 为常数项，β_j、β_t 为相应变量的系数；ε 为残差项。由于 Box – Cox 变换仅限于连续变量，故未对虚拟变量进行变换。

4.3.2 回归结果

表 4.2 列出了 Stata/SE11.0 软件估计的线性、半对数、双对数和线性 Box – Cox 变换的实证结果。楼龄为从竣工时间到挂牌登记时间相隔的年数，如果挂牌当年竣工，楼龄为 0。为保证变换变量大于 0，Box – Cox 模型和双对数模型中的楼龄变量定义为 $age + 1$。Stevenson（2004）指出异方差是 Hedonic 住房价格模型经常出现的问题[1]，但大部分文献并没有对此问题采取措施。笔者在前期试运算时发现模型存在异方差，为得到有效的标准误估计量，采用异方差稳健性估计。

---

[1] Googman 和 Thibodeau（1995）提供了模型中楼龄导致异方差的最初证据；Fletcher（2000）、Stevenson（2004）在前者的基础上进行了拓展，进一步分析了除楼龄外，住房面积等参数产生的异方差。

表 4.2   Hedonic 回归结果

Table 4.2   Results of Hedonic regression

	线性	半对数	双对数	Box – Cox
_cons	1 763. 796***	7. 513 294***	5. 776 719***	1 304. 534***
	(35. 782 18)	(0. 013 364)	(0. 134 181)	(16. 935 96)
area	3. 646 271***	0. 001 177***	0. 778 792***	0. 004 853**
	(0. 424 584)	(0. 000 138)	(0. 061 121)	(0. 001 927)
areasq	– 0. 014 371***	– 4. 95E – 06***	– 0. 084 971***	– 2. 02E – 07***
	(0. 001 798)	(5. 65E – 07)	(0. 006 91)	(5. 10E – 08)
age	– 10. 052 47***	– 0. 003 92***	– 0. 005 475**	– 0. 928 323***
	(1. 056 366)	(0. 000 389)	(0. 002 387)	(0. 068 336)
subbotfl	– 41. 696 67**	– 0. 011 363*	– 0. 009 25	– 26. 272 85**
	(18. 689 81)	(0. 006 233)	(0. 006 217)	(11. 469 05)
mediumfl	– 84. 7229 3***	– 0. 027 43***	– 0. 025 282***	– 52. 444 11***
	(15. 943 75)	(0. 005 221)	(0. 005 216)	(9. 733 97)
subtopfl	– 238. 947***	– 0. 075 574***	– 0. 073 575***	– 148. 620 4***
	(17. 111 48)	(0. 005 726)	(0. 005 714)	(10. 484 58)
topfl	– 387. 553 2***	– 0. 128 001***	– 0. 128 008***	– 237. 852 8***
	(15. 770 92)	(0. 005 308)	(0. 005 298)	(9. 659 867)
heat	601. 092***	0. 255 894***	0. 262 482***	370. 938 4***
	(14. 551 07)	(0. 006 245)	(0. 006 276)	(9. 163 312)
heatgas	637. 133 5***	0. 260 987***	0. 280 451***	396. 056 5***
	(17. 903 52)	(0. 007 121)	(0. 007 125)	(10. 899 63)
centheat	462. 861 7***	0. 179 75***	0. 197 739***	276. 122 5***
	(75. 022 39)	(0. 024 355)	(0. 025 246)	(45. 345 94)
interior	77. 581 15***	0. 026 487***	0. 024 199***	47. 898 3***
	(13. 685 87)	(0. 005 248)	(0. 005 274)	(8. 490 939)
yard	109. 212 7***	0. 038 534***	0. 032 92**	69. 783 73***
	(31. 867 12)	(0. 009 818)	(0. 009 912)	(19. 357 45)
beishiqu	153. 883 1***	0. 050 315***	0. 0474 38***	93. 245 67***
	(10. 648 7)	(0. 004 038)	(0. 004 058)	(6. 569 246)

	线性	半对数	双对数	Box－Cox
xinshiqu	160. 492 2 * * *	0. 060 725 * * *	0. 050 165 * * *	103. 939 * * *
	(11. 542 31)	(0. 004 253)	(0. 004 227)	(6. 967 233)
frontage	− 44. 667 08 * *	− 0. 011 585 *	0. 013 241 *	− 25. 245 4 * *
	(17. 960 45)	(0. 006 499)	(0. 006 537)	(11. 048 06)
enviro	324. 291 7 * * *	0. 095 604 * * *	0. 109 861 * * *	195. 626 * * *
	(12. 223 67)	(0. 003 929)	(0. 003 828)	(7. 241 334)
school	198. 508 * * *	0. 065 947 * * *	0. 069 902 * * *	121. 767 * * *
	(15. 901 68)	(0. 005 509)	(0. 005 563)	(9. 773 582)
trans	160. 007 6 * * *	0. 051 737 * * *	0. 053 553 * * *	93. 820 43 * * *
	(9. 846 946)	(0. 003 339)	(0. 003 342)	(6. 081 818)
eager	− 217. 663 6 * * *	− 0. 068 229 * * *	− 0. 063 598 * * *	− 134. 59 * * *
	(31. 425 65)	(0. 011 581)	(0. 011 552)	(19. 357 71)
public	− 598. 904 5 * * *	− 0. 254 455 * * *	− 0. 249 495 * * *	− 384. 035 * * *
	(23. 834 71)	(0. 010 837)	(0. 010 974)	(14. 880 45)
t_{071}	221. 044 1 * * *	0. 087 443 * * *	0. 082 254 * * *	135. 990 7 * * *
	(23. 562 69)	(0. 010 062)	(0. 010 066)	(14. 605 31)
t_{072}	397. 963 8 * * *	0. 152 341 * * *	0. 147 627 * * *	245. 620 7 * * *
	(17. 395 2)	(0. 007 425)	(0. 007 403)	(10. 835 46)
t_{073}	615. 954 5 * * *	0. 229 533 * * *	0. 225 337 * * *	382. 397 1 * * *
	(21. 629 41)	(0. 008 763)	(0. 008 726)	(13. 434 24)
t_{074}	810. 159 3 * * *	0. 292 98 * * *	0. 286 859 * * *	501. 295 7 * * *
	(18. 774 83)	(0. 007 511)	(0. 007 512)	(11. 637)
t_{081}	868. 579 9 * * *	0. 307 645 * * *	0. 298 33 * * *	539. 953 4 * * *
	(19. 997 8)	(0. 007 834)	(0. 007 807)	(12. 340 14)
t_{082}	889. 501 6 * * *	0. 315 742 * * *	0. 306 92 * * *	552. 098 3 * * *
	(18. 418 68)	(0. 007 373)	(0. 007 373)	(11. 382 72)
t_{083}	856. 015 * * *	0. 309 048 * * *	0. 297 062 * * *	532. 589 * * *
	(18. 980 04)	(0. 007 464)	(0. 007 448)	(11. 703 39)

	线性	半对数	双对数	Box – Cox
t_{084}	730. 122 3***	0. 266 658***	0. 256 712***	453. 904 5***
	(19. 112 06)	(0. 007 551)	(0. 007 556)	(11. 802 64)
t_{091}	721. 583***	0. 259 744***	0. 249 13***	452. 155 5***
	(26. 502 25)	(0. 009 958)	(0. 009 878)	(16. 349 94)
t_{092}	887. 494 4***	0. 314 471***	0. 304 521***	553. 478 1***
	(24. 046 11)	(0. 008 971)	(0. 008 921)	(14. 741 96)
RMSE	453. 56	0. 161 51	0. 161 72	279. 49
R^2	0. 56	0. 568 9	0. 567 7	0. 562 7
F (30, 13 298)	523. 46	406. 98	404. 38	517. 53
theta	1	0	0	0. 939 745
lambda	1	1	0	1. 919 8

注：括号内为异方差稳健标准误；*、**、***分别表示系数在10%、5%、1%水平下显著；*botfl*、t_{064}、*nanshiqu* 作为基准变量在模型中省略。

由表 4. 2 可知，Box – Cox 函数的变换参数为 $\theta = 0.939\ 745$、$\lambda = 1.919\ 8$。模型中除半对数和双对数函数的 *subbotfl* 变量和 *frontage* 变量外，所有变量均在 5% 水平上统计显著，各变量的符号与预期相符。本书对建筑面积引入二次项，以更好地反映消费者对住房面积需求的边际效应递减趋势，模型的拟合效果显著提高①。虽然引入二次项后建筑面积与其二次项的 VIF 值为 14. 65 和 13. 30，但二者是非线性关系，所以严格地说，并不违反无多重共线性假定（古扎拉蒂，2005）。其他变量的 VIF 最大为 3. 64。住房面积一次项为正，二次项为负表明了消费者对住房面积的偏好具有边际效应递减的趋势；楼龄符号为负，反映了住房折旧对房价的影响；从回归结果中可以发现，拥有良好的配

---

① 以线性函数为例，未引入建筑面积二次项模型的 *area* 的 t 值为 0. 12，调整 R^2 为 0. 558 7；加入二次项后，*area* 为正，*areasq* 为负，t 值分别为 8. 54 和 -7. 92，调整 R^2 为 0. 562 5。

套设施、小区环境、交通条件、就学条件等对住房价格有正向贡献；而公有住房、临街或急于出售的住房价格偏低；区位因素对房价有显著影响，按行政区划，新市区房价最高，北市区次之，南市区最低；时间变量则反映了近期的房价波动，与全国市场一致，保定市二手房价格在 2008 年第三季度出现下跌，并一直持续到 2009 年第一季度。虽然上述四个模型各变量符号完全相同，但截距和变量系数均不相等，以公房变量斜率为例，经过换算后，线性为 -598.904 5，半对数为 -789.982 67，双对数为 -775.971 37，Box - Cox 为 -524.895 82。在这种情况下，只有按照一定的标准，经检验后才能对最佳模型做出选择。

4.3.3　模型设定检验

最佳模型的选择通常基于拟合优度和理论一致性标准。本书构建的四个模型的回归结果均与理论解释一致，但由于被解释变量不同，所以常规的拟合优度指标 R^2 不能作为选择最佳模型的依据[①]。为此本书采用两种方法，一种是 Halvorsen 和 Pollakowski（1981）建议的似然比方法，另一种是样本外预测的 Theil U 统计量。

已知无约束的估计，线性、半对数或双对数模型只是一个简单的参数约束并可以用似然比统计量来检验，计算公式为：

$$L_{max}\ (\hat{\theta}\ ,\ \hat{\lambda})\ -L_{max}\ (\theta^*,\ \lambda^*)\ < \frac{1}{2}\chi_2^2\ (\alpha) \tag{4.7}$$

式中 $L_{max}\ (\hat{\theta}\ ,\ \hat{\lambda})$ 为无约束模型的似然函数值，$L_{max}\ (\theta^*,\ \lambda^*)$ 为约束模型似然函数值。如果上式成立，则表明约束模型与最佳模型无显著差异。由于有 2 个变换参数，所以自由度为 2，对于 $\alpha = 0.05$，$\frac{1}{2}\chi_2^2\ (\alpha)\ = 2.995$。计算结果见表 4.3。线性、半对数与双对数函数的对数似然比在 5% 水平大于 2.995，因此这三种常用模型与最佳模型无差异的虚拟假设被拒绝。

本书采用样本外预测方法用来检验模型的预测精度。Fletcher 等（2004）强调了样本外预测对模型拟合度检验的重要性。他们指出，构建一个能够拟合特定数据而不能用于新数据的模型没有丝毫用处，即使研究目的只是估计某个

---

① 模型的拟合是指模型解释数据偏差的程度。常用的方法是通过 R^2 统计量来判断回归方程解释变异的程度，但其前提条件是样本大小和被解释变量都必须相同（古扎拉蒂，2005）。

变量对价格的影响而非用于预测，如果预测精度很差，其原因必定是参数的不稳定或存在其他影响样本外预测的因素。常用检验预测精度的指标有均方误差（MSE）、均方根误差（RMSE）、Theil U 统计量等。本书选用 Theil U 统计量，表达式为：

$$U = \frac{\sqrt{\frac{1}{T}\sum_{i=1}^{N} (P_i^s - P_i^a)^2}}{\sqrt{\frac{1}{T}\sum_{i=1}^{N} (P_i^s)^2} + \sqrt{\frac{1}{T}\sum_{i=1}^{N} (P_i^a)^2}} \qquad (4.8)$$

式中 P_i^s 为 P_i 的预测值；P_i^a 为 P_i 的实际值。如果 $U=0$，则 $P_i^s = P_i^a$，且完全拟合；如果 $U=1$，则模型的预测能力差（平狄克和鲁宾费尔德，1999）。

样本外预测值的 Theil U 统计量见表 4.3。由表 4.3 可知，四种函数的 U 统计量均较小，说明这四种函数均有较好的预测精度。相对而言 Box – Cox 函数的 U 统计量最小，说明其拟合度最高，线性函数次之。这一结果与对数似然比检验结果一致。

表 4.3　不同函数的对数似然比与 Theil U 统计量

Table 4.3　Log – likelihood ratio and the Theil U statistic of different functions

函数形式	Θ	λ	对数似然值	对数似然比	U 统计量
线性	1	1	– 100 433	7.72	0.069 772 4
半对数	0	1	– 101 401	491.84	0.070 703 7
双对数	0	0	– 101 507	544.74	0.070 826 1
Box – Cox	0.955 86	1.935 464	– 100 417		0.069 687 79

由 Stata 软件的输出结果，根据 R^2 判断得出的结论为：半对数最佳，双对数次之，线性最差，与上述检验结果不符。可见不能简单凭借 R^2 作为选择模型的依据。不过，这并不是说在被解释变量不同时就一定不能按 R^2 选择模型，参照古扎拉蒂（2005），只需统一被解释变量形式，如将对数值转换为实际值，然后带入式（4.9）计算出 R^2 即可进行比较。

$$R^2 = \frac{\left[\sum (Y_i - \bar{Y})(\hat{Y}_i - \bar{Y})\right]^2}{\sum (Y_i - \bar{Y})^2 \sum (\hat{Y}_i - \bar{Y})^2} \qquad (4.9)$$

按照式（4.9），计算出线性、半对数、双对数和 Box – Cox 函数的 R^2 值分别为：0.560 003、0.555 642、0.555 631、0.561 183，计算结果与上述对数

似然比和 Theil U 统计量的检验结果一致。

4.4　本章小结

本章对 Hedonic 住房价格模型的选择进行了研究。利用 Box – Cox 变换建立 Hedonic 函数，通过对数似然比和样本外预测的 Theil U 统计量检验，常用的线性、半对数和双对数等三种函数形式被拒绝，Box – Cox 函数的拟合精度优于上述函数，研究结果与大多数国外文献结论一致。可以肯定，不同国家和地区，采用不同数据和不同的分析方法，会得出不同的模型设定。因此函数形式的选择和变量选择一样，在实证研究中理应得到足够的重视。需要指出，函数形式的选择既要满足模型的准确性，也不能忽视操作的方便性。随着计算机技术的发展和网络的普及，实证研究的技术条件不断改善。一方面，众多统计软件使复杂的计算过程如本章采用的线性 Box – Cox 变换变得简便易行；另一方面，住房价格数据可以方便的搜集。但是这些数据非常粗糙，必须经过大量的调查补充和整理方可用于研究，即便如此，一些重要的住房特征仍然难以得到。由于数据质量的缺陷，有时最科学的方法未必是最准确的方法，为增加价格量测精度而使运算、操作过程复杂化也未必是最佳技术方案选择，研究者应该在模型的精度与简洁之间进行权衡。Box 和 Cox（1964）也曾提醒人们，在模型用于预测被解释变量时要慎用 Box – Cox 变换，对被解释变量所作的任何形式的变换都有可能产生偏误。

虽然本章仅以保定市的数据为样本，对最佳函数形式的选择进行了分析，所建模型仅适用于保定市住房市场，但是，本章对模型设定的探讨无疑可以应用于我国其他城市的住房市场研究。由于条件所限，模型未引入到 CBD 的距离等解释变量，对空间因素分析仅按行政区划设定虚拟变量。在今后的进一步研究中，可借助 GIS 系统对数据进行整理并利用空间计量经济学方法进行深入的分析。

第 5 章

住房价格指数的 Hedonic 质量调整：方法与实证比较

5.1 引言

价格指数是商品价格在不同时间或空间变动的相对比率，反映的是纯粹的价格变动，通常由同质性的一种或一类商品的基本价格指数（elementary price index）通过赋予一定权重加总得到大类商品的总指数。然而大多数商品并不满足同质性条件，因此质量调整成为编制基本价格指数首先要解决的问题。传统的质量调整采用匹配模型法，这种方法在比较期和报告期选择相同或相似的样本，以控制样本质量不变，比较它们的价格差异从而得出报告期的价格指数。但是，当不同时期样本不同时，匹配模型法显然不再有效。1995 年，时任美联储主席的格林斯潘指出，由于样本质量变动，传统方法编制的消费者价格指数（CPI）存在偏误，大约每年高估 0.5% ~ 1.5%（Hulten，2003）。随后一些学者的实证研究也得出类似的结论（Shapiro 和 Wilcox，1996；Boskin 等，1996）。然而，将质量差异引起的价格变动与纯粹的价格波动分离出来是非常困难的。早在 1961 年，美国价格统计审查委员会即 Stigler 委员会曾建议统计部门研究 Hedonic 方法的应用，认为它可以比传统方法更客观的处理质量变化（Price Statistics Review Committee，1961）；随后，美国劳工统计局（BLS）采用的 5 种质量调整方法中就包括了 Hedonic 方法（Boskin 等，1996）。基于 Lancaster（1966）的新消费者理论，Hedonic 方法将商品看作一个特征（即质量）束，通过多元回归得到商品特征与价格之间的关系，利用 Hedonic 函数就可以计算出控制不同时期质量不变条件下反映纯价格波动的基本价格指数。

住房价格指数多通过实际交易价格或挂牌价格计算。由于住房具有异质性、低流动性等特点，在比较期与报告期中很难找到完全相同的两套住房，因此，匹配模型法不适用于住房价格指数的编制。传统的住房基本价格指数采用简单均值法直接比较两个时点样本住房的平均价格差异①，显然，这种差异即包括住房质量不同的价格差异又包括纯价格差异。Boskin 等（1996）在其著名的报告中分析了住房价格指数产生偏误的原因，发现从 1976 年到 1993 年，美国家庭单套住房无论平均面积、房间数量，还是拥有中央空调、游泳池的比例等都有大幅度的增加，由于没有考虑这些质量的提高，价格指数高估了住房价格的上涨。Ferri（1977）是较早将 Hedonic 价格模型用于住房价格指数研究的学者之一。他比较了混合时间虚拟变量法计算的 Hedonic 价格指数与简单算术平均法得到的价格指数的差异，从 1965 年到 1975 年，简单算术平均价格指数上涨 86.2%，而 Hedonic 价格指数仅上涨 59.2%。他认为产生上述差异的原因是后者扣除了楼龄降低、空调增加、面积增大引起的价格上涨。虽然在较短时期，住房质量不会显著提高，但是不同时点的样本构成可能会存在较大的差异。Hansen（2009）研究了样本构成的变化对简单均值法计算的住房价格指数精度的影响，为克服这种方法的局限性，他采用基于回归的估计方法，包括 Hedonic 法、重复销售法和混合重复销售法。通过与简单均值法比较，发现这三种方法得出的结果相似，均能够较好的消除样本构成的影响。不过，大部分国外文献的实证研究证明，Hedonic 方法优于其他质量调整方法，如 Mark 和 Goldberg（1984）、Clapham 等（2006）。

国内的 Hedonic 住房价格研究始于 20 世纪 90 年代末，研究内容多集中在住房价格影响因素的分析，对 Hedonic 住房价格指数编制方法的研究相对较少。王力宾（1999）介绍了 Hedonic 住房价格指数的基本原理，以莫斯科的住房数据为样本进行实证分析，重点研究了 Hedonic 函数形式的确定和变量选择等问题，分别估计了 1994 和 1996 两年的 Hedonic 函数，计算出拉氏和帕氏价格指数。王一兵（2005）的研究重点在 Hedonic 回归估计方法方面，利用半参数分析的原理与方法，建立了烟台市商品房价格指数的半参数回归模型。张宏

---

　　① 早期房地产价格指数采用简单平均值计算，如美国全国房地产经纪人协会（NAR）、美国人口普查局（USBC）采用中位数法；美国联邦住房融资委员会（FHFB）、英国地政局采用算术平均法（Rappaport，2007）。

斌和贾生华（2000）介绍了三种国外常用的住房价格指数编制方法：Hedonic 法、重复销售法和混合法，对我国住房价格指数编制技术与方法上存在的问题进行了分析。孙宪华等（2008）应用 Hedonic 价格指数中的双重估算（double imputation）法对缺失样本住房价格进行估算，以满足样本匹配的要求。上述前 2 篇文献研究重点是 Hedonic 函数的模型设定与估计方法，后 2 篇文献仅对国外常用的方法进行了简单的介绍或应用，对 Hedonic 住房价格指数质量调整的原理，具体的计算方法以及不同方法之间的差异没有展开研究。

本章的目的是对 Hedonic 住房基本价格指数的编制方法进行探讨。鉴于重复销售法对样本的限制以及自身的一些缺陷，该方法在许多国家都难以适用，Hedonic 方法被公认为是编制质量不变条件下住房价格指数的最佳方法。有学者甚至声称："对于（价格指数中的）质量调整而言，未来必定属于 Hedonic 方法"（Hoffmann 和 Lorenz，2006）。但迄今为止，国际上也没有形成统一的编制住房价格指数的标准。国外质量调整的住房价格指数主要采用 Hedonic 指数、重复销售指数和混合指数法，研究内容也多是对三种方法的实证比较，以评价其优劣。实际上，虽然同样利用 Hedonic 住房价格模型，但是具体计算住房价格指数时可以采用时间虚拟变量法（包括混合时间虚拟变量法和邻期时间虚拟变量法）、特征价格指数法和 Hedonic 价格估算法等三种方法，采用的方法不同，得到的结果就可能会出现差异。国外文献很少对此进行深入的分析，也鲜见对上述不同方法质量调整原理的剖析。本章将详细介绍上述三种指数的计算方法，通过实证比较，分析不同价格指数产生的差异及原因。

5.2 方法

质量变化主要有两种形式。第一种以住房为代表，由于住房的异质性和交易不频繁，在住房市场很难找到完全相同的样本，不同时期样本构成发生变化；第二种主要表现为产品的更新换代，新产品淘汰旧产品，如汽车、电脑及其他家用电器。在测度产品价格时，当样本出现质量变化，可以有四种思路来进行处理：1）不考虑质量变化，直接计算价格指数；2）将质量发生变化的产品从样本中去除，仅保留匹配产品；3）确定质量差异引起的相应价格差异，将其从价格变动中扣除，从而得到产品纯价格变动；4）估算质量发生变化的产品在其他时点的缺失价格。

对不同质量调整方法的实证比较表明，方法的选择对指数计算结果有很大影响。上述思路中的第一种方法没有考虑价格变动中的质量因素，会产生较大的偏误，应该避免；第二种方法将质量发生变化的样本剔除，在住房价格指数编制中最典型的方法为 Bailey 等（1963）提出的重复销售法。这种方法选择不同时期多次销售的住房为样本，假定同一住房的质量在此期间没有发生变化，这样就避免了质量不同对价格的影响，其价格差异就是纯价格波动。显而易见，重复销售法的假设条件过于严格，由于住房折旧、装修、翻新等因素的影响，同一住房不同时期的质量无疑会发生变化，这种方法难以很好地控制质量变化。同时重复销售法隐含假定匹配样本的价格变化代表了被剔除样本的纯价格变化，但这一假定往往与实际不符，存在 Triplett（2006）定义的样本外偏误（outside–the–sample bias），使得价格指数不具有代表性。加之国内住房交易纪录不完善，缺乏重复交易的统计数据，因此采用重复销售法的时机在我国尚不成熟①。第三种和第四种是较理想的处理质量变化的方法，尽管仍然可以配合匹配模型法计算，但实际操作起来有一定难度。如果新旧产品同时在市场上存在，较好的办法是采用重叠法（overlapping method），二者的价格差异即可看作是质量的价格差异。不过，旧产品退出市场，新产品随后出现，如果二者没有同时在市场上存在，重叠法就无法使用。针对这种情况，美国劳工统计局（BLS）曾采用成本法来估算汽车质量变化引起的价格差异：由专业人士或制造商估计新产品性能改进所需投入的成本，并假定增加的成本完全体现在汽车价格中，将这部分成本从新产品价格中扣除即得到其不变质量的价格。这种方法无疑存在致命缺陷。首先，新改进性能的成本很难准确估计；其次，即使能够估计，该成本也不一定准确反映在产品价格变动中，制造商出于营销策略的考虑对推出的新型号产品往往有较高（或较低）的溢价（mark–up）。正是鉴于上述缺陷，Stigler 委员会、Boskin 委员会等不约而同地推荐 Hedonic 方法。

Hedonic 基本价格指数的编制需要两步：1）建立 Hedonic 函数，进行回归估计；2）利用 Hedonic 回归结果，采用价比的简单算术平均（Carli 指数）、

---

① 重复销售样本数量远远少于单次销售的样本数量是制约重复销售法应用的一个主要原因。Meese 和 Wallace（1997）搜集的 20 000 个样本中仅有大约 3 000 个重复销售样本。通过比较他们发现，如果样本数量少，重复销售法的表现不如 Hedonic 价格指数。

简单算术平均价格比率（Dutot 指数）或简单几何平均价格比率（Jevons 指数）计算价格指数[①]。

按照 Triplett（2006），Hedonic 价格指数分为直接法和间接法两大类，其中直接法的价格信息全部来自 Hedonic 函数，无需借助其他渠道就可直接计算价格指数，包括时间虚拟变量法（time dummy variable method）和特征价格指数法（characteristics price index method）[②]；间接法中的 Hedonic 价格主要用来估算缺失样本价格以配合匹配法计算价格指数，这种方法被称为 Hedonic 价格估算法（hedonic price imputation method）[③]。上述方法由于原理不同，得到的结果也不尽相同。

5.2.1　时间虚拟变量法

时间虚拟变量法也被称为约束模型法（Crone 和 Voith，1992）、直接时间变量（explicit time – variable）法（Gatzlaff 和 Ling，1994）等，是早期文献中采用较多的方法，如 Court（1939）、Ferri（1977）等。这种方法将所有时期的混合横截面样本合并到一个回归方程，令住房特征变量参数在不同时期保持不变，仅截距变化，这一变化由代表某一时点的时间虚拟变量表示。线性函数表达式为：

$$p_i = \beta_0 + \sum_{j=1}^{k}\beta_j z_{i,j} + \sum_{t=1}^{T}\delta_t D_{i,t} + \varepsilon_i \qquad (5.1)$$

式中 p_i 为住房价格（通常为单位价格），$z_{i,j}$ 为住房特征变量，$D_{i,t}$ 代表交易时间为 t 的时间虚拟变量，$t=0$ 时的时间虚拟变量 $D_{i,0}$ 为基准变量在模型中省略，ε_i 是均值为 0，方差为 σ^2 的随机残差项。该公式假定在整个 T 时间段内，人们对所有特征的偏好始终不会改变，即 β_j 固定不变。时间虚拟变量参数 δ_t 反映了 t 期相比 0 期的平均价格变动数量。

t 期的价格指数应为质量调整后的 t 期平均价格与质量调整后的比较期平均价格之比，如果以 l、n、m 分别表示 0 期、$t-1$ 期和 t 期样本数。由式

---

①　采用不同公式计算出的结果不同，Diewert（2004）对此进行了详细的分析，通过公理化和经济学检验，他认为 Jevons 指数优于其他指数。

②　国内相当一部分文献将 hedonic price index 翻译成特征价格指数，这样容易造成与 characteristics price index 的混淆。

③　一些文献仅将时间虚拟变量法称为直接法，而把特征价格指数法归为间接法，本书未采用这种分类。

(5.2) 可以计算以 0 期为比较期的 t 期定基价格指数：

$$I^{t,0} = \frac{\frac{1}{m}\sum_{i=1}^{m}\hat{p}_{i,t}^{a}}{\frac{1}{l}\sum_{i=1}^{l}\hat{p}_{i,0}^{a}} = \frac{\frac{1}{l}\sum_{i=1}^{l}\hat{p}_{i,0} + \hat{\delta}_{t}}{\frac{1}{l}\sum_{i=1}^{l}\hat{p}_{i,0}} \tag{5.2}$$

式中 $\hat{p}^{a}$ 表示质量调整后的估计价格。不过对于式 (5.1)，0 期特征为比较基准，所以 $\hat{p}_{0}^{a} = \hat{p}_{0}$。5.3 节将给出具体推导过程。

同样可以计算出以相邻前一期为比较期的环比价格指数：

$$I^{t,t-1} = \frac{\frac{1}{m}\sum_{i=1}^{m}\hat{p}_{i,t}^{a}}{\frac{1}{n}\sum_{i=1}^{n}\hat{p}_{i,t-1}^{a}} = \frac{\frac{1}{l}\sum_{i=1}^{l}\hat{p}_{i,0} + \hat{\delta}_{t}}{\frac{1}{l}\sum_{i=1}^{l}\hat{p}_{i,0} + \hat{\delta}_{t-1}} \tag{5.3}$$

如果采用半对数函数，即：

$$\ln p_{i} = \beta_{0} + \sum_{j=1}^{k}\beta_{j}z_{i,j} + \sum_{t=1}^{T}\delta_{t}D_{i,t} + \varepsilon_{i} \tag{5.4}$$

可以得到固定比较期为 0 期的定基价格指数[①]：

$$I^{t,0} = \exp\left(\frac{1}{m}\sum_{i=1}^{m}\ln\hat{p}_{i,t}^{a}\right)\Big/\exp\left(\frac{1}{l}\sum_{i=1}^{l}\ln\hat{p}_{i,0}^{a}\right) = \left(\prod_{i=1}^{m}\hat{p}_{i,t}^{a}\right)^{1/m}\Big/\left(\prod_{i=1}^{l}\hat{p}_{i,0}^{a}\right)^{1/l} =$$

$$\exp\hat{\delta}_{t} \tag{5.5}$$

以前一期为比较期的环比价格指数：

$$I^{t,t-1} = \left(\prod_{i=1}^{m}\hat{p}_{i,t}^{a}\right)^{1/m}\Big/\left(\prod_{i=1}^{n}\hat{p}_{i,t-1}^{a}\right)^{1/n} = \exp\left(\hat{\delta}_{t} - \hat{\delta}_{t-1}\right) \tag{5.6}$$

双对数函数中时间变量是虚拟变量，无法取对数，所以价格指数计算公式与式 (5.5) 和 (5.6) 完全相同。可以证明，由于采用的 Hedonic 函数形式不同，式 (5.2)、(5.3) 得到的是简单算术平均价格比率，而式 (5.5)、(5.6) 得到的是简单几何平均价格比率（Triplett，2006）。

上述方法将所有时段的样本混合在一起，所以也叫多期混合时间虚拟变量法（以下简称混合指数）。这种方法简单、直接，因而深受学者们的青睐，但由于限制了特征参数固定不变而遭到质疑。此外，如果新一期的样本加入模

[①] 事实上，这个结果是一个有偏估计，应该在指数变换前减去 1/2 个系数的标准误：$\exp(\hat{\delta}_{t} - var(\hat{\delta})/2)$，即 Goldberger 修正（Goldberger，1968）。不过，如果样本足够大，这个偏误通常都非常小，在实际应用中可以忽略不计。对被解释变量取对数的函数中虚拟变量的具体解释可参见 Halvorsen 和 Palmquist（1980）。

型，需要增加一个时间虚拟变量，必须对整个模型重新估计，先前的变量参数包括时间虚拟变量参数可能因此发生变化。

有鉴于此，一些学者提出邻期（adjacent - period）时间虚拟变量法（以下简称邻期指数），这种方法仅将相邻两个时点的样本混合在一起进行回归，以半对数函数为例，其表达式为：

$$\ln p_i = \beta_0 + \sum_{j=1}^{k} \beta_j z_{i,j} + \delta D_i + \varepsilon_i \tag{5.7}$$

式（5.7）与式（5.4）相似，唯一不同的是只有相邻两个时点：比较期为相邻前一期，在模型中省略；D 表示报告期的时间虚拟变量，由其参数的估计值，得到式（5.5）的环比价格指数。

$$I^{t,t-1} = \exp\left(\frac{1}{m}\sum_{i=1}^{m}\ln \hat{p}_{i,t}^{a}\right) \Big/ \exp\left(\frac{1}{n}\sum_{i=1}^{n}\ln \hat{p}_{i,t-1}^{a}\right) = \left(\prod_{i=1}^{m}\hat{p}_{i,t}^{a}\right)^{1/m} \Big/ \left(\prod_{i=1}^{n}\hat{p}_{i,t-1}^{a}\right)^{1/n} = \exp \hat{\delta} \tag{5.8}$$

Triplett（2006）指出，由于人们的偏好不会在短期发生很大变化，邻期参数往往变化很小，所以学者们更偏好于邻期指数。这种方法合理性的证据通常由邹检验提供，如果 F 值低于临界值，说明参数稳定，邻期时间虚拟变量法可行；否则参数不稳定，应采用单期的横截面样本分别进行回归。

5.2.2 特征价格指数法

特征价格指数法也被称为无约束模型法（Crone 和 Voith，1992）、严格横截面（strictly cross - section）法（Gatzlaff 和 Ling，1994）、变参数（varying parameter）法（Knight 等，1995）、单期法（Okamoto 和 Tomohiko，2001）等，通过对每一期样本分别进行回归避免了时间虚拟变量法对特征变量参数不变的约束。以半对数函数为例：

$$\ln p_{i,t} = \beta_{0,t} + \sum_{j=1}^{k} \beta_{j,t} z_{i,j,t} + \varepsilon_{i,t} \tag{5.9}$$

然后，按照类似于传统的拉氏或帕氏等指数计算公式计算质量不变的价格指数。如固定比较期特征不变：

$$I_R^{t,t-1} = \left[\prod_{i=1}^{n}\hat{p}_{i,t}\left(z_{i,t-1}\right)\right]^{1/n} \Big/ \left[\prod_{i=1}^{n}\hat{p}_{i,t-1}\left(z_{i,t-1}\right)\right]^{1/n}$$

$$= \frac{\exp\frac{1}{n}\sum_{i=1}^{n}\left(\hat{\beta}_{0,t} + \sum_{j=1}^{k}\hat{\beta}_{j,t} z_{i,j,t-1}\right)}{\exp\frac{1}{n}\sum_{i=1}^{n}\left(\hat{\beta}_{0,t-1} + \sum_{j=1}^{k}\hat{\beta}_{j,t-1} z_{i,j,t-1}\right)} \tag{5.10}$$

固定报告期特征不变：

$$I_C^{t,t-1} = \left[\prod_{i=1}^{m} \hat{p}_{i,t} \left(z_{i,t} \right) \right]^{1/m} / \left[\prod_{i=1}^{m} \hat{p}_{i,t-1} \left(z_{i,t} \right) \right]^{1/m}$$

$$= \frac{\exp \dfrac{1}{m} \sum_{i=1}^{m} \left(\hat{\beta}_{0,t} + \sum_{j=1}^{k} \hat{\beta}_{j,t} z_{i,j,t} \right)}{\exp \dfrac{1}{m} \sum_{i=1}^{m} \left(\hat{\beta}_{0,t-1} + \sum_{j=1}^{k} \hat{\beta}_{j,t-1} z_{i,j,t} \right)} \tag{5.11}$$

式中 $\hat{p}_{i,t}$ $(z_{i,t-1})$ 和 $\hat{p}_{i,t-1}$ $(z_{i,t-1})$ 分别为固定比较期 n 个样本的住房特征在 t 期和 $t-1$ 期不变的估计价格；$\hat{p}_{i,t}$ $(z_{i,t})$ 和 $\hat{p}_{i,t-1}$ $(z_{i,t})$ 分别为固定报告期 m 个样本的住房特征在 t 期和 $t-1$ 期不变的估计价格。与时间虚拟变量法相同，对数函数得到 Jevons 指数，线性函数得到 Dutot 指数。需要特别指出的是上述价格指数并非严格的拉氏与帕氏指数，通过固定比较期或报告期住房特征不变，目的是为分离出相同质量在不同时间的纯价格差异[①]。

同样，费雪特征价格指数为：

$$I_F^{t,t-1} = \left(I_R^{t,t-1} \times I_C^{t,t-1} \right)^{1/2} \tag{5.12}$$

费雪指数将固定比较期特征价格指数和固定报告期特征价格指数取几何平均值，综合利用了比较期与报告期的住房特征信息，抵消了二者的偏差，具有较好的经济学与公理化特性，被称为 superlative 指数或理想指数，受到学者们的推崇（Ioannidis 和 Silver，2003；Diewert，2004；Hill 和 Melser，2008），并且在欧美国家已出现用费雪指数等理想指数逐步取代以前常用的固定比较期特征价格指数（即所谓拉氏指数）的趋势，如美国人口普查局（USBC）在编制住房价格指数时曾采用固定比较期特征价格指数，但 1997 年以后改为费雪特征价格指数（Bover 和 Izquierdo，2003）。

5.2.3　Hedonic 价格估算法

有学者将 Hedonic 价格估算法等同于特征价格指数法，如 Silver 和 Heravi（2007）、Hill 和 Melser（2008）。尽管这两种方法非常相似，但实际上存在着本质上的区别。按照 Triplett（2006），Hedonic 价格估算法是匹配模型法的辅助方法，多用于更新换代比较频繁的产品如电脑等缺失样本价格的估算。例如在 $t-1$ 期样本总数为 N，但在 t 期市场上仅保留其中 m 个匹配样本，$N-m$ 个

[①]　国内外绝大部分文献均将这种方法计算的价格指数称为拉氏指数和帕氏指数，如 Okamoto 和 Tomohiko（2001）、Clapham 等（2006）、Hill 和 Melser（2008）、王力宾（1999）、孙宪华等（2008）。

样本因为更新换代等原因退出市场。对于缺失样本，先利用 t 期的 m 个样本进行单期 Hedonic 回归，然后将缺失样本特征变量带入方程进行样本外预测，得到缺失样本在 t 期的估算价格，以半对数函数为例：

$$\hat{p}_{i,t} = \exp(\hat{\beta}_{0,t} + \sum_{j=1}^{k}\hat{\beta}_{j,t}z_{i,j,t-1}) , i = m+1, \cdots, N \tag{5.13}$$

匹配模型法 Jevons 指数计算公式为：

$$I^{t,t-1} = (\prod_{i=1}^{m}p_{i,t} \times \prod_{i=m+1}^{N}\hat{p}_{i,t})^{1/N} / (\prod_{i=1}^{N}p_{i,t-1})^{1/N} \tag{5.14}$$

同样，如果 t 期市场上出现新产品，也可以采用类似的方法计算新产品在 $t-1$ 期的估算价格，不过这时计算的是固定报告期特征不变的比较期缺失样本价格。如果将式（5.14）中的实际价格均替换为 Hedonic 函数估算价格，则得到双重估算价格指数。

Hedonic 价格估算法多出现在早期计算机价格指数研究文献中，如 Fisher 等（1962）；Chow（1967），实践中由于很难得到匹配住房样本，所以这种方法在住房价格指数编制中很少采用。

5.3　三种 Hedonic 质量调整方法比较

上节介绍了三种 Hedonic 住房价格指数，虽然目的都是为了控制样本质量不变测度产品纯价格的变化，但各自质量调整的思路不同。

时间虚拟变量法的基本思路是基于前述第三种思路，利用 Hedonic 函数的估计参数即隐含价格，将住房特征不同产生的价格差异从总价格差异中扣除，从而计算出质量不变条件下的住房纯价格变动。不过，线性函数和对数函数由于时间虚拟变量参数的解释意义不同，计算过程也不同。

线性函数中的时间虚拟变量参数表示为：如果虚拟变量为 1，则样本价格在其他条件相同时（ceteris paribus）平均增加（或减小）的绝对数量。

t 期样本 i 的估计价格为：

$$\hat{p}_{i,t} = \hat{\beta}_0 + \sum_{j=1}^{k}\hat{\beta}_j z_{i,j,t} + \hat{\delta}_t \tag{5.15}$$

0 期样本 i 的估计价格为：

$$\hat{p}_{i,0} = \hat{\beta}_0 + \sum_{j=1}^{k}\hat{\beta}_j z_{i,j,0} \tag{5.16}$$

t 期与 0 期样本平均价格差异：

$$\frac{1}{m}\sum_{i=1}^{m}\hat{p}_{i,t} - \frac{1}{l}\sum_{i=1}^{l}\hat{p}_{i,0} = \frac{1}{m}\sum_{i=1}^{m}\ (\hat{\beta}_0 + \sum_{j=1}^{k}\hat{\beta}_j z_{i,j,t} + \hat{\delta}_t)\ - \frac{1}{l}\sum_{i=1}^{l}\hat{\beta}_0 + \sum_{j=1}^{k}\hat{\beta}_j z_{i,j,0})$$

$$= (\frac{1}{m}\sum_{i=1}^{m}\sum_{j=1}^{k}\hat{\beta}_j z_{i,j,t} - \frac{1}{l}\sum_{i=1}^{l}\sum_{j=1}^{k}\hat{\beta}_j z_{i,j,0})\ + \hat{\delta}_t \qquad (5.17)$$

不难看出，上述价格差异既包括质量不同的价格差异 $\frac{1}{m}\sum_{i=1}^{m}\sum_{j=1}^{k}\hat{\beta}_j z_{i,j,t} - \frac{1}{l}\sum_{i=1}^{l}$ $\sum_{j=1}^{k}\hat{\beta}_j z_{i,j,0}$，又包括纯价格差异 $\hat{\delta}_t$。由此得到价格指数① 1

$$I^{t,0} = \frac{\frac{1}{m}\sum_{i=1}^{m}\hat{p}_{i,t}^{a}}{\frac{1}{l}\sum_{i=1}^{l}\hat{p}_{i,0}} = \frac{\frac{1}{m}\sum_{i=1}^{m}\hat{p}_{i,t} - (\frac{1}{m}\sum_{i=1}^{m}\sum_{j=1}^{k}\hat{\beta}_j z_{i,j,t} - \frac{1}{l}\sum_{i=1}^{l}\sum_{j=1}^{k}\hat{\beta}_j z_{i,j,0})}{\frac{1}{l}\sum_{i=1}^{n}\hat{p}_{i,0}}$$

$$= \frac{\frac{1}{l}\sum_{i=1}^{l}\hat{p}_{i,0} + \hat{\delta}_t}{\frac{1}{l}\sum_{i=1}^{l}\hat{p}_{i,0}} \qquad (5.18)$$

对于对数函数，时间虚拟变量系数表示为：如果该虚拟变量为 1，则在其他条件相同时，样本报告期价格与 0 期价格相比的纯价格变化比率近似为 $\exp\hat{\delta}_t$。由 Hedonic 回归结果可以得到：

$$(\prod_{i=1}^{m}\hat{p}_{i,t})^{1/m} / \ (\prod_{i=1}^{l}\hat{p}_{i,t})^{1/l} = \exp\ [\ (\frac{1}{m}\sum_{i=1}^{m}\sum_{j=1}^{k}\hat{\beta}_j z_{i,j,0} + \frac{1}{m}\sum_{i=1}^{m}\hat{\delta}_t)\ - \frac{1}{l}\sum_{i=1}^{l}\sum_{j=1}^{k}\hat{\beta}_j z_{i,j,0}]$$

$$= \exp\ (\frac{1}{m}\sum_{i=1}^{m}\sum_{j=1}^{k}\hat{\beta}_j z_{i,j,t} - \frac{1}{l}\sum_{i=1}^{l}\sum_{j=1}^{k}\hat{\beta}_j z_{i,j,0})\ \times \exp\hat{\delta}_t \qquad (5.19)$$

显然，t 期样本价格几何均值与 0 期样本价格几何均值的比率包括了质量变化的价格比率与纯价格比率。由此不难得到价格指数：

$$I^{t,0} = \exp\ (\frac{1}{m}\sum_{i=1}^{m}\ln\hat{P}_{i,t}^{a})\ / \ (\frac{1}{l}\sum_{i=1}^{l}\ln\hat{P}_{i,0}^{a})\ = (\prod_{i=1}^{m}\hat{P}_{i,t}^{a})^{1/m} / \ (\prod_{i=1}^{l}\hat{P}_{i,0}^{a})^{1/l}$$

$$= [\ (\prod_{i=1}^{m}\hat{P}_{i,t})^{1/m} / \ (\prod_{i=1}^{l}\hat{P}_{i,0})^{1/l}]\ \div \exp\ (\frac{1}{m}\sum_{i=1}^{m}\sum_{j=1}^{k}\hat{\beta}_j z_{i,j,t} - \frac{1}{l}\sum_{i=1}^{l}\sum_{j=1}^{k}\hat{\beta}_j z_{i,j,0})\ = \exp\hat{\delta}_t$$

$$(5.20)$$

上述为定基指数计算公式的推导过程。环比指数与此类似，本书述。

与时间虚拟变量指数的质量调整过程不同，特征价格指数依据第四种思

---

① Triplett 将线性函数的价格指数计算公式错误地定义为：$I^{t,0} = \hat{\delta}_t$，见 Triplett（2006）。

路，利用 Hedonic 函数，通过固定比较期或报告期特征不变估算出不变质量的价格。不同时期估算价格的比值即为住房纯价格的比率。

Hedonic 价格估算指数与特征价格指数的质量调整过程相同，都是基于第四种思路，在估算价格的基础上计算价格指数。二者的不同主要表现在：特征价格指数法不要求比较期与报告期样本匹配及样本数量相等，分别对各期样本进行 Hedonic 回归，然后固定比较期（或报告期）住房特征不变，利用比较期与报告期的 Hedonic 价格模型，估算出相应时期质量不变的住房价格；而 Hedonic 价格估算法本质上还是匹配模型法，Hedonic 函数仅作为辅助工具估算缺失样本的价格以保证样本匹配、数量相等，以避免匹配样本数量减少引起的样本外偏误。

5.4 数据与模型

理想的住房价格指数应采用比较期与报告期全部住房价格计算，但实际应用中各个时期市场上交易的住房数量只占全部住房的一小部分，而且真实的交易价格很难得到，这也是影响 Hedonic 方法应用的一个主要障碍。国外最常用的住房价格是实际交易价格，其次是挂牌价格、评估价格等。国内缺乏权威的住房交易价格数据，但随着计算机技术的发展和网络的普及，许多房地产中介服务公司都建立起自己的网站，人们可以方便地查到出售住房的挂牌价格和主要的住房特征，因此国内 Hedonic 实证研究多采用挂牌价格。考虑到卖方对住房特征的了解较其他人更清楚，而且在定价时也得到专业经纪人的指导，所以他们对住房的估价可以作为比较客观的市场价格。样本据来自河北省保定市嘉信房产网 2006 年 10 月~2009 年 6 月登记的二手房挂牌出售信息。样本总数为14 810 个。

根据第 4 章，选择解释变量时既要避免遗漏变量，又要避免出现多重共线性。解释变量分为建筑特征、区位特征、邻里特征和交易特征，其中建筑特征包括住房面积、楼龄、楼层、配套设施、装修；区位特征包括行政区划、交通条件；邻里特征包括小区环境、临近学校质量；交易特征包括产权状况、挂牌时间等。具体变量定义见表 3.2。Crone 和 Voith（1992）发现样本数量对估计精度有很大影响，为保证特征价格指数法样本数量足够大，本书按季度将样本挂牌时间划分 11 个时段。这样，每一时段样本数量较总体样本数量大大减少，

第 4 章模型中的 *yard*、*frontage*、*eager* 在大部分临期横截面回归模型及单期横截面回归模型中不显著，因此剔除。

表 5.1 样本数据统计量

Table 5.1 Sample statistics

样本	样本数（个）	平均价格（元/m²）	平均面积（m²）	平均楼龄（年）
全部样本	14 810	3 100.85 (682.28)	88.60 (42.81)	9.23 (5.82)
2006 第四季度	1 030	2 437.58 (530.63)	96.13 (50.11)	7.41 (6.09)
2007 第一季度	586	2 633.04 (566.88)	85.55 (41.62)	9.01 (5.47)
2007 第二季度	2 207	2 779.02 (571.51)	81.99 (39.05)	9.64 (5.57)
2007 第三季度	920	2 964.73 (625.14)	86.91 (45.75)	9.53 (6.29)
2007 第四季度	1 703	3 184.39 (651.62)	88.58 (45.78)	8.96 (5.74)
2008 第一季度	1 608	3 319.50 (673.16)	88.52 (41.65)	9.46 (5.96)
2008 第二季度	2 061	3 340.64 (622.08)	88.05 (41.64)	9.45 (5.76)
2008 第三季度	1 607	3 349.91 (595.08)	90.96 (41.11)	9.00 (5.75)
2008 第四季度	1 559	3 197.76 (628.34)	87.99 (41.02)	9.21 (5.62)
2009 第一季度	595	3 139.25 (676.95)	89.99 (40.04)	10.29 (5.90)
2009 第二季度	934	3 347.70 (674.77)	96.94 (45.18)	9.51 (5.75)

注：括号内为标准差，限于篇幅仅列出 2 个连续变量的统计量。

表 5.1 列出了从 2006 年第四季度到 2009 年第二季度的样本平均价格、平均面积和平均楼龄。除 2008 年第四季度和 2009 年第一季度出现短期下跌外，平均价格呈逐期上涨趋势；平均面积和楼龄的变动没有规律，虽然变动幅度不大，但反映出不同时期样本构成的差异。

除解释变量外，Hedonic 回归结果的可靠性还依赖于正确的函数形式。由于 Hedonic 函数是一个对住房特征供给与需求相互作用的结果，无法借助经济理论为指导作出选择，因此多通过实证实验，基于拟合度标准确定。但 Griliches（1961）从便于计算价格指数的角度建议采用半对数函数；Diewert（2002）则进一步证明对于时间虚拟变量法而言，半对数函数具有更好的公理化特性。而且住房特征变量中大部分是虚拟变量，所以半对数函数也优于双对数函数。

本书第 4 章分别估计了 Box – Cox、线性、半对数、双对数函数形式，对数似然比检验表明 Box – Cox 是最佳函数形式，但在进行样本外预测检验时发现上述四种函数差异极小，R^2 值也非常接近。考虑到计算价格指数的可操作性和便利性，尤其是计算特征价格指数时不同时期函数形式的一致性，并参照 Griliches（1961）和 Diewert（2002），选用半对数函数。

表 5.2　Hedonic 混合时间虚拟变量回归结果

Table 5.2　Results of hedonic pooled time dummy variables regression

ln p	系数	稳健性标准误	t – 值
_ cons	7.513 524 ***	0.012 318	610.05
area	0.001 139 ***	0.000 130	8.74
areasq	– 4.74e – 06 ***	5.34e – 07	– 8.89
age	– 0.003 806 ***	0.000 371	– 10.26
beishiqu	0.048 759 ***	0.003 826	12.75
xinshiqu	0.058 980 ***	0.004 022	14.66
subbotfl	– 0.019 733 ***	0.005 640	– 3.50
mediumfl	– 0.033 048 ***	0.004 589	– 7.20
subtopfl	– 0.082 081 ***	0.005 103	– 16.09
topfl	– 0.135 564 ***	0.004 694	– 28.88
heat	0.257 413 ***	0.005 907	43.58
heatgas	0.261 841 ***	0.006 736	38.87

$\ln p$	系数	稳健性标准误	$t-$值
centheat	0.179 701***	0.022 154	8.11
interior	0.030 186***	0.004 885	6.18
enviro	0.095 627***	0.003 701	25.85
school	0.066 440***	0.005 173	12.84
trans	0.053 471***	0.003 141	17.02
public	−0.252 429***	0.010 236	−24.66
t_{071}	0.093 978***	0.009 501	9.89
t_{072}	0.157 869***	0.006 857	23.02
t_{073}	0.235 537***	0.008 160	28.86
t_{074}	0.296 392***	0.006 972	42.51
t_{081}	0.313 256***	0.007 307	42.87
t_{082}	0.321 590***	0.006 824	47.13
t_{083}	0.310 095***	0.006 931	44.74
t_{084}	0.271 832***	0.006 983	38.93
t_{091}	0.262 605***	0.009 342	28.11
t_{092}	0.321 593***	0.008 341	38.56

注：*、**、***分别表示系数在 10%、5%、1% 水平下显著；*botfl*、t_{064}、*nanshiqu* 等作为基准变量在模型中省略。限于篇幅，邻期和单期 Hedonic 回归结果未列出。

为计算混合指数、邻期指数、特征价格指数，分别选用式（5.4）、（5.7）和（5.9）估计 Hedonic 函数。利用 Stata/SE 11.0，得到的混合时间虚拟变量 Hedonic 回归结果见表 5.2。

模型的 F（27，14 782）= 505.55，调整后的 R^2 为 0.568 3，所有 t 值均在 1% 水平显著。

相邻各期模型稳定性的常规检验采用邹检验。邹检验是一个 F 检验，只有在同方差条件下才是有效的，模型的干扰方差不相等时，邹检验就不再适用。不过，如果样本容量足够大，那么无论干扰方差是否相同，都可以采用瓦尔德检验（格林，2007）。假设 $\hat{b}_1$ 和 $\hat{b}_2$ 是一个参数基于独立样本的两个一致而又渐进正态分布的估计量，并分别具有渐进协方差矩阵 V_1 和 V_2，于是在真

实参数相同的虚拟假设下瓦尔德统计量

$$W = (\hat{b}_1 - \hat{b}_2)' (\hat{V}_1 + \hat{V}_2)^{-1} (\hat{b}_1 - \hat{b}_2) \qquad (5.21)$$

为服从自由度为 k 的 χ^2 分布。邻期 Hedonic 函数参数稳定性检验结果见表 5.3。

查自由度为 18 的 χ^2 分布，5% 显著水平临界值为 28.87。因此，基于瓦尔德检验，前三期参数相同的假设被拒绝。同理，我们可以拒绝混合时间虚拟变量参数不变的假设。检验结果表明，按季节分别估计单期 Hedonic 回归，计算特征价格指数更为恰当。

表 5.3 瓦尔德统计量

Table 5.3 Wald statistic

时间	2006.4/2007.1	2007.1/2007.2	2007.2/2007.3	2007.3/2007.4	2007.4/2008.1
瓦尔德统计量	104.39	42.85	52.08	28.11	10.27
时间	2008.1/2008.2	2008.2/2008.3	2008.3/2008.4	2008.4/2009.1	2009.1/2009.2
瓦尔德统计量	1.90	2.21	7.06	4.46	15.62

5.5 Hedonic 价格指数

由于无法得到匹配样本，本书实证研究不讨论 Hedonic 价格估算法。为比较混合指数、邻期指数、特征价格指数三种方法的差异，分别按式（5.5）、（5.6）、（5.10）、（5.11）、（5.12）计算得到 5 种价格指数，见表 5.4 和表 5.5。混合指数首先按式（5.5）求出定基价格指数，然后按式（5.6）得到环比价格指数。邻期指数从 Hedonic 回归得到的是环比价格指数，无法直接得到定基指数，只能采用链式指数的计算方法，在环比指数的基础上通过各期连乘得到定基价格指数。特征价格指数的环比指数按式（5.10）和（5.11），利用相邻时段的单期 Hedonic 回归，分别计算出固定比较期（上一季度）特征、固定报告期特征的价格指数，在此基础上按式（5.12）计算费雪特征价格指数。定基特征价格指数可以采用两种方法计算，第一种方法利用各报告期和基期（2006 年第四季度）的 Hedonic 函数直接计算固定比较期特征和固定报告期特征的定基价格指数；第二种方法与邻期虚拟变量的定基指数计算方法相同，利用环比特征价格指数通过连乘得到链式价格指数。笔者认为，第二种方法可以真实地反映住房纯价格连续的动态波动，同时也满足定基与环比指数之间的循环检验①。

从表 5.4 和表 5.5 可以看出，五种指数非常接近，反映了相同的价格变动趋势，但均存在差异。由于 Hedonic 函数中特征变量较多，他们在不同时期的变化没有规律，导致固定比较期特征价格指数与固定报告期特征价格指数的差异也没有规律。由 5.2 节的讨论，假定费雪特征价格指数反映了真实的纯价格波动，计算混合指数和邻期指数与费雪指数的偏差，定基的平均绝对偏差为 0.99 和 0.12，环比的偏差为 0.27 和 0.04。不难发现，由于固定变量参数不变，混合指数与费雪指数的偏差大于邻期指数与费雪指数的偏差；邻期指数和费雪指数均采用链式方法计算定基指数，由于偏差累计，二者之间的定基指数偏差大于环比指数偏差。

表 5.4　Hedonic 价格指数（环比：以上一季度为 100）

Table 5.4　Hedonic price index（Chained：previous quarter equales 100）

时间	混合时间虚拟变量指数	邻期时间虚拟变量指数	固定比较期特征价格指数	固定报告期特征价格指数	费雪特征价格指数
2007 第一季度	109.854	109.362	109.749	109.125	109.437
2007 第二季度	106.598	106.201	106.222	106.112	106.167
2007 第三季度	108.076	108.424	108.149	108.563	108.356
2007 第四季度	106.274	106.132	106.170	106.029	106.099
2008 第一季度	101.701	101.435	101.122	101.587	101.354
2008 第二季度	100.837	100.943	100.852	101.035	100.943
2008 第三季度	98.857	99.035	99.143	98.974	99.058
2008 第四季度	96.246	96.408	96.382	96.389	96.385
2009 第一季度	99.082	98.905	98.866	99.027	98.946
2009 第二季度	106.076	105.541	105.491	105.642	105.566

---

① 尽管本书的 Hedonic 价格指数作为一种基本价格指数未进行加权，但计算环比指数时，各期特征变量取值不同，相当于附加权重不等，采用第一种方法计算的定基指数不等于环比指数的连乘，二者存在误差。

表 5.5　Hedonic 价格指数（定基：以 2006 年第四季度为 100）

Table 5.5　Hedonic price index（Fixed：the fourth quarter of 2006 equales 100）

时间	混合时间虚拟变量指数	邻期时间虚拟变量指数	固定比较期特征价格指数	固定报告期特征价格指数	费雪特征价格指数
2007 第一季度	109.854	109.362	109.749	109.125	109.437
2007 第二季度	117.101	116.144	116.578	115.794	116.185
2007 第三季度	126.559	125.928	126.078	125.710	125.894
2007 第四季度	134.500	133.650	133.856	133.289	133.572
2008 第一季度	136.787	135.568	135.359	135.405	135.382
2008 第二季度	137.932	136.847	136.511	136.806	136.658
2008 第三季度	136.355	135.526	135.341	135.402	135.371
2008 第四季度	131.237	130.657	130.445	130.513	130.479
2009 第一季度	130.031	129.227	128.965	129.243	129.104
2009 第二季度	137.932	136.387	136.046	136.535	136.290

　　为检验混合指数和邻期指数与费雪指数的差异是否显著，将两个指数分别对费雪指数进行回归：

$$I_i = a + \beta I_{Fi} + \varepsilon_i \tag{5.22}$$

　　式中 I_{Fi} 为费雪特征价格指数，I_i 为混合指数或邻期指数，如果虚拟假设 $\alpha = 0$ 和 $\beta = 1$ 的联合检验未被拒绝，则表明二者没有显著差异。

表 5.6　混合指数、邻期指数与费雪特征价格指数的回归比较

Table 5.6　Comparision between pooled index, adjacent period index and Fisher characteristics price index

	环比		定基	
	混合时间虚拟变量指数	邻期时间虚拟变量指数	混合时间虚拟变量指数	邻期时间虚拟变量指数
α	-2.710742	0.018293	-2.689943	-1.074840
β	1.027509	0.999896	1.028575	1.009060
$R^2\_$ Adj	0.9962	0.9999	0.99924	1.0000
test：$\alpha = 0$, $\beta = 1$	$F(2, 8) = 1.89$	$F(2, 8) = 0.10$	$F(2, 8) = 76.34$	$F(2, 8) = 36.47$

回归结果表 5.6 显示，环比指数无论邻期指数还是混合指数均与费雪特征价格指数无显著差异，但定基指数差异显著。进一步，本书根据 Diebold 和 Mariano（1995）提出的比较两个模型间预测准确性无差异的方法，利用 Stata 软件中的 dmariano 命令进行检验，结果表明，邻期指数在 1% 的水平显著优于混合指数，而且也优于比较期固定和报告期固定的特征价格指数。究其原因，笔者认为邻期指数回归方程中包含相邻两个时期的样本特征，可以看作综合利用比较期与报告期的特征进行加权，因而与费雪指数一致。

　　尽管瓦尔德检验没有拒绝 2007 年第三季度以后相邻各期参数相等的假设，对比费雪指数可以发现二者仍存在差异。笔者认为瓦尔德检验只是检验模型总体参数的稳定性，并没有检验每一个变量的参数是否相等，所以即使通过了瓦尔德检验，仍可能存在偏误。虽然瓦尔德检验拒绝混合时间虚拟变量函数参数稳定的假设，但由于样本时间跨度较短，住房质量不会有明显提高，只是样本构成存在差异，消费者偏好变化不大，所以混合指数与邻期指数及费雪指数相差不大。

5.6　质量调整的效果

　　为分析样本结构变化对价格变动的影响，考虑到与 Hedonic 价格指数口径一致，本书计算出各季度价格的几何均值变动率。由表 5.7、图 5.1 和图 5.2 可以发现，Hedonic 变动率与几何均值变动率存在显著的差异，二者变动方向受样本构成的影响。2007 年前 3 个季度 Hedonic 价格高于几何均值；之后，2008 年第 3 季度之前，后者高于前者，尤其在 2008 年第 3 季度，几何均值上涨，Hedonic 价格下跌。图 5.3 给出了在样本构成中变动较大且对房价影响也较大的暖气、天然气等配套设施特征变量样本分布。从中可以看出 2008 年第 3 季度两种测算方法的房价反向变动，主要源于配套设施在此期间的构成比例的变动：2007 年第 3 季度以前，配套设施构成比重基本呈下降趋势，即住房质量下降，几何均值价格低估下降幅度，而 2007 年第 4 季度以后配套设施构成比重逐步上升，几何均值高估房价上涨幅度。

表 5.7　Hedonic 变动率与几何均值变动率（%）

Table 5.7　Comparision between hedonic cahnge rate and geometric change rate

时间	Hedonic		几何均值	
	混合时间虚拟变量指数	邻期时间虚拟变量指数	混合时间虚拟变量指数	邻期时间虚拟变量指数
2007 第一季度	9.443	9.443	7.97	7.97
2007 第二季度	6.159	16.183	5.81	14.24
2007 第三季度	8.35	25.885	6.56	21.74
2007 第四季度	6.099	33.563	7.65	31.05
2008 第一季度	1.355	35.372	4.35	36.75
2008 第二季度	0.946	36.653	0.98	38.09
2008 第三季度	−0.944	35.362	0.49	38.76
2008 第四季度	−3.607	30.479	−4.94	31.91
2009 第一季度	−1.554	29.105	−2.26	28.93
2009 第二季度	5.557	36.28	7.03	37.99

表 5.8　样本构成中主要特征变量的变动

Table 5.8　The main characteristics variables changes in the sample composition

时间	南市区	北市区	新市区	楼龄	公房	配套设施
2006 第四季度	0.280 583	0.385 437	0.333 981	7.414 563	0.019 418	0.848 544
2007 第一季度	0.279 864	0.411 263	0.308 874	9.005 119	0.046 075	0.829 352
2007 第二季度	0.249 660	0.392 841	0.357 499	9.640 689	0.051 201	0.833 711
2007 第三季度	0.267 391	0.391 304	0.341 304	9.531 522	0.048 913	0.804 348
2007 第四季度	0.277 745	0.379 918	0.342 337	8.963 594	0.068 702	0.852 613
2008 第一季度	0.243 781	0.406 095	0.350 124	9.456 468	0.007 463	0.858 831
2008 第二季度	0.248 423	0.385 735	0.365 842	9.449 296	0.016 012	0.881 611
2008 第三季度	0.226 509	0.397 013	0.376 478	9.002 489	0.032 981	0.922 838
2008 第四季度	0.202 694	0.430 404	0.366 902	9.207 826	0.060 295	0.896 729
2009 第一季度	0.221 849	0.426 891	0.351 261	10.28 739	0.030 252	0.889 076
2009 第二季度	0.219 486	0.433 619	0.346 895	9.513 919	0.025 696	0.879 015

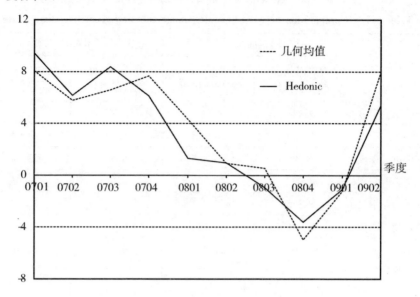

图 5.1 环比价格变动率

Figure 5.1 Price change rates of chained price index

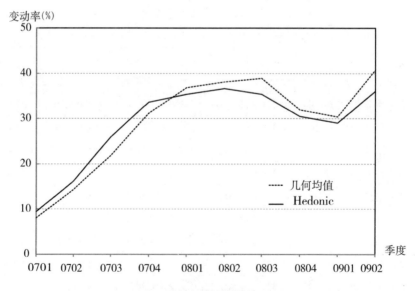

图 5.2 定基价格变动率

Figure 5.2 Price change rates of fixed base price index

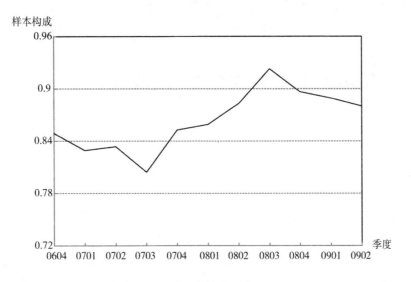

图 5. 3　基础设施构成变动

Figure 5. 3　Samples compositional change in infrastructure characteristics

5.7　本章小结

　　利用保定市的二手房数据，本章借助 Hedonic 方法建立了质量调整的住房基本价格指数，通过实证比较和检验得出以下结论：①邻期时间虚拟变量环比价格指数与费雪环比特征价格指数相近，二者差异不显著。瓦尔德检验表明即使在相邻季度 Hedonic 函数也可能存在显著的结构变化，特征价格指数优于时间虚拟变量指数。但是，邻期指数样本数量大于单期样本数量，所以邻期的回归函数精度高于单期函数，样本构成差异不大时结构变化对邻期时间虚拟变量指数与费雪特征价格指数差异的影响不十分敏感，二者差异不显著。在样本数量足够大时，最佳选择为特征价格指数；在样本数量较少时邻期时间虚拟变量指数也是一个可行的选择。②通过 Hedonic 质量控制，环比价格指数能够比定基价格指数更好地反映价格的动态波动，尤其在不同时期样本构成差异较大时效果更为明显。③虽然特征价格指数可以利用各报告期和比较期的 Hedonic 函数直接计算定基价格指数，但如果时间跨度较长，这种方法难以反映住房特征与价格连续波动的轨迹，笔者建议采用以环比指数为基础的链式指数计算定基特征价格指数。

第 6 章

住房子市场界定与价格差异

6.1 引言

由于住房具有异质性和位置固定性等特性，住房市场通常被认为是一个区域性的市场，地域范围从局部城市到更为广阔的区域乃至于全国，分析住房市场往往需要限定在特定区域范围内才有意义。大多数学者认为较低层次范围的研究可以提供更为丰富可靠的信息（Costello 和 Watkins，2002）。Maclennan（1977）指出住房市场的实证研究提供了追踪城市内部价格变化的必要性。他进一步强调，政策制定者为了事先做出有效的决策，必须对城市内的住房价格差异进行深入的分析。

在 AMM 的新古典模型中，住房市场是以城市为单位的单一市场，人们的购房决策基于对房价和通勤成本的权衡。该模型假定住房是同质性的产品，忽略了住房户型、结构类型、邻里环境等特征的差异。实际上，户型、面积、楼龄相同的住房，坐落于不同的区位，住房价格就会不同；同一区位的住房由于户型、面积、楼龄等差异，价格也会不同（Tu，1997）。为弥补 AMM 模型的不足，一些学者将 Lancaster（1966）的特征价格理论和 Rosen（1974）的隐含市场理论应用到住房市场实证研究中，利用城市整体市场样本数据，建立住房价格与建筑结构和区位、邻里等特征的 Hedonic 价格模型，从而得到住房特征的价格，如 Kain 和 Quigley（1970）、Wieand（1973）等。这种方法假定房价不仅与位置相关，而且与住房的结构及区位、邻里特征存在密切的联系，不同城市的住房供求函数不同，而同一城市内部具有相同的供求关系，即 Hedonic 价格模型中住房特征隐含价格具有一定的稳定性，由此决定的 Hedonic 函数反映了市场均衡。但是，这种方法仍然受到了质疑。

Straszheim（1975）指出，住房特征和住房价格在不同区位之间的差异是城市住房市场的基本特征。同一城市内的住房市场仍然具有异质性，住房特征的隐含价格在不同的空间范围或不同的住房类型之间是不稳定的，因此住房市场不是单一的整体市场，而应细分为多个子市场。Michaels 和 Smith（1990）进一步指出，在子市场存在的情况下，单一市场 Hedonic 价格模型难以很好地描述地域分布广阔的城市住房市场，模型参数会产生估计偏误。Maclennan 和 Tu（1996）分析了城市住房体系的结构及其演变过程，指出消费者的信息不充分，产品的多样性，空间分布的差异，以及住房的不可分割性和不可复制性是子市场形成的根本原因。他们将相同特征在数量上的不同定义为纵向差异，不同特征的组合定义为水平差异。这种相似性与差异性共存的现象为划分住房子市场提供了依据。

尽管上述观点已为众多学者普遍接受，并且进行了大量的实证研究，但是由于住房市场的复杂性和区域性，不同城市的 Hedonic 住房价格模型从包括的特征变量到函数形式都不尽相同，划分子市场的方法也多种多样。从国外经验来看，子市场的界定方法多凭借研究者对研究对象的事先分析和数据的掌握情况选择，其中按地域划分所占比重较大，其次是住房结构特征①。迄今为止，学术界对如何划分住房子市场还没有形成一致的意见。

我国的住房市场研究无论在理论方面还是在实证方面都非常薄弱，对城市住房子市场的实证研究更如凤毛麟角，虽然近年来也有学者建立 Hedonic 价格模型分析城市住房市场，但基本都是在单一市场前提下展开的，忽视了城市内住房需求存在的差异，如马思新和李昂（2003）、温海珍和贾生华（2004）、郭文刚等（2006）、赵琰等（2008）。有鉴于此，本章从隐含价格分析入手研究住房子市场的界定和检验方法。利用河北省保定市的样本数据，参照国外文献采用最多的地理位置边界划分标准，按行政区划建立各子市场的 Hedonic 住房价格模型，对模型的设定和假设检验做进一步的研究。

在子市场存在的前提下，进一步利用住房子市场模型，结合 Hedonic 价格指数计算方法，一方面以各子市场为单元计算其时间序列的价格指数；另一方

---

① Watkins（2001）对 18 篇文献的住房子市场划分方法进行了分析，其中 9 篇按空间划分，5 篇按建筑结构划分。

面，比较各子市场之间的价格差异。虽然研究范围仅限保定市住房市场，但本章的模型设定方法和子市场界定与检验技术无疑对其他城市的房地产市场研究有参考价值。

6.2 国外住房子市场的 Hedonic 研究

在 Rosen（1974）的模型中，异质性商品可以看作诸多特征的组合，市场价格通过市场中众多消费者与生产者彼此间的出价与要价行为决定。Hedonic 函数即消费者最高出价和生产者最低要价的包络函数，函数的形式由购买者偏好和生产者成本与策略选择的分布决定。消费者追求效用最大化而生产者追求利润最大化，当二者价格互为一致时，形成市场均衡价格。住房是一种典型的异质性商品，由住房结构特征、区位特征等构成，住房价格高低取决于住房特征的质量和数量，其函数形式可表示如下：

$$P = \Theta\ (z_1,\ z_2,\ \cdots z_k) \tag{6.1}$$

Θ 为特定的函数形式，z_1，z_2，$\cdots z_k$ 为特征变量，其系数的一阶偏导数得出的隐含价格反映了消费者对住房特征的边际支付意愿（marginal willingness to pay）。利用 Hedonic 住房价格模型，不仅可以估测每个住房特征的隐含价格，而且可以分析这些特征对住房价格结构的影响，这使得 Hedonic 回归得以比较不同模型的隐含价格差异。

Schnare 和 Struyk（1976）认为，在供给与需求富有弹性的住房市场中，供求双方的竞争行为使得住房特征隐含价格在不同空间范围或不同住房类型间保持不变。然而，这种情况在现实生活中很少存在。当数量众多的消费者对某种特定的住房结构特征或区位、邻里特征（如当地的一流学校）的需求高度缺乏弹性时，面对同样缺乏弹性的住房供给，就会形成若干相互独立的子市场，不同子市场间的住房特征隐含价格会出现显著的差异。在这种情况下，传统的住房市场分析，尤其是住房价格分析，就变得不再恰当。只有分别对各子市场建立 Hedonic 住房价格模型，才能准确地分析住房价格变动的规律，把握消费者的购房偏好。

住房子市场通常被定义为可以相互替代的住房的集合（Schnare 和 Struyk，1976），同一住房子市场的消费者偏好是相同的，不同子市场消费者偏好各不相同。但是，这就带来一个非常棘手的问题，即如何识别住房的替代性，以及在何种水平上分解或组合住房市场。Watkins（2001）认为由于 5 个方面的原因，住房子市场的 Hedonic 价格模型没有很好地发展起来：1）没有一个统一的子市场界定定义，即按空间位置还是按住房特征来划分子市场；2）即使对子市场定义达成共识，人们也很难在子市场识别的实践中找到一个一致的标准，如同样依据空间位置，既可以按行政区域、地理方位，又可以按人口普查区（census tract）、邮政编码等划分子市场，见表 6.1；3）每个研究的区域范围各不相同；4）研究数据取得的时间不同，市场条件不同；5）不同文献采用的检验子市场是否存在的统计方法不同。

Cliff、Haggett 和 Ord 提出 3 个划分子市场的原则：1）简单性。划分较少的子市场优于较多的子市场；2）相似性。子市场中住房的特征束应尽可能相似，这样可以使子市场内的住房具有更高的同质性；3）紧致性（compactness）。尽可能将相连的区域划分为同一子市场（Goodman，1981）。

实践中，研究者常按照地理边界或其他一些主观判定划分潜在子市场，分别构建各自的 Hedonic 价格模型，如果模型的隐含价格有显著差异，就表明住房子市场存在。Watkins（2001）概括了四种类型的子市场界定标准：空间特征、建筑结构特征、消费者特征以及空间和建筑结构等特征的组合。

Straszheim（1975）是最早进行城市住房子市场实证研究的学者之一，他认为在不同的空间区位上住房价格会出现很大的差异，城市住房市场实际上是由一系列分离的、被细分的市场组成。为了支持上述假设，Straszheim 以人口普查单元作为空间特征对旧金山市住房市场进行了细分，分别建立各自的 Hedonic 价格模型。尽管同样基于空间特征定义住房子市场，不同文献采用的具体方法各不相同：Sonstelie 和 Portney（1980）依据行政区域边界划分子市场；Gabriel（1984）依照地理方位将以色列比尔谢瓦市划分为东北部、西部和西南部三个子市场；Goodman 和 Thibodeau（2003）采用人口普查单元和邮政编码两种方法分别对达拉斯住房市场进行细分。Bourassa 等（2003）利用奥克兰的交易样本数据，对按地理区域划分子市场的方法与采用统计技术划分的方法进行了比较，结果表明前者比后者更具有实践价值，区位是住房价格差异的一个重要影响因素。

另一些学者认为，具有相同建筑特征的住房对于潜在消费者而言有较高的替代性，消费者不看重住房的区位，而只青睐特定的建筑类型。如 Allen 等（1995）将住房市场细分为公寓、独户住房等子市场；Wolverton 等（1999）

根据一室一卫、二室一卫、二室二卫三种户型细分市场。此外楼龄、建筑面积等也被作为划分子市场的依据。

住房市场也可以按种族、收入、受教育水平等消费者特征细分。由于种族歧视，旧金山地区住房市场被分割为白人居住区和少数民族居住区（Palm，1978）；而 Alkay（2008）则按高、中、低三种家庭收入水平将伊斯坦布尔住房市场分别划分为 3 个子市场。

还有学者认为将空间特征和建筑特征二者结合起来划分住房子市场效果更好。如 Adair 等（1996）首先按地理位置将住房市场划分为城市内部区域、中部区域和外部区域，然后在上述三个区域内进一步将住房分为独立式、半独立式和连排式住房。Watkins（2001）同样将住房分为独立式、半独立式和连排式住房，但在空间位置上按方位划分。Schnare 和 Struyk（1976）的划分更复杂，他将波士顿住房市场分别按收入高低、城区内外和房间数量划分为 12 个子市场。

上述文献虽然采用不同标准划分城市住房子市场，但大多数文献均找到了支持细分城市住房市场会导致不同 Hedonic 价格函数的证据。当然也有文献没有发现足够的证据支持子市场的存在，如 Schnare 和 Struyk（1976）、Ball 和 Kirwan（1977）。

Schnare 和 Struyk（1976）的开创性文献为后来的实证研究提供了范式：按照上述方法划分潜在子市场后，对各子市场分别建立 Hedonic 价格模型，利用邹检验验证子市场的存在，即构建 F 统计量，检验子市场模型结构稳定性，判别各回归方程有无差异。如果拒绝方程间无差异的虚拟假设，则说明子市场存在。Michaels 和 Smith（1990）、Allen 等（1995）、Adair 等（1996）、Wolverton 等（1999）、Watkins（2001）、Alkay（2008）等均采用这种方法。但是，邹检验仅检验模型之间总体的稳定性，没有反映具体解释变量的隐含价格在不同子市场模型中的差异。如果要对此做进一步分析，可以通过 Tiao - Goldberger 检验来完成。Michaels 和 Smith（1990）最早将其应用在住房子市场研究中。近期的应用包括 Wolverton 等（1999）、Mollard 等（2004）。

从国外的经验来看，划分子市场的分类标准多种多样，研究者根据对研究对象的事先分析和数据的掌握情况选择，其中按地域划分所占比重较大。尽管消费者特征如收入水平对人们的住房偏好影响很大，但由于数据搜集难度较大，所以受到一定的限制。通过邹检验验证子市场存在的方法简单明了，易于操作，得到广大研究者的青睐。不过邹检验有一个重要的假定，即各回归模型的干扰方差相等。事实上，这一条件很难满足。遗憾的是，在上述采用邹检验的文献中并没有对此问题进行探讨。为弥补这一不足，本书将对不同子市场模型的干扰方差相同的假设进行统计检验（即组间同方差检验）。在原假设被拒绝后，构建瓦尔德统计量以检验模型的稳定性。在此基础上通过 Tiao – Goldberger 检验，分析住房特征的隐含价格在不同子市场之间的差异，从而发现不同子市场的消费者对住房特征的不同偏好。

表 6.1　国外子市场研究文献汇总

Table 6.1　Summary of the literature of foreign housing sub-market studies

作者	地点	样本数	子市场划分依据	子市场检验方法	子市场是否存在
Schnare 和 Struyk(1976)	Boston(USA)	2 195	按消费者收入、空间、房间数量类型划分 12 个子市场	邹检验	否
Ball 和 Kirwan(1977)	Bristol(UK)	280	按空间人口普查区型划分 8 个子市场	邹检验	否
Sonstelie 和 Portney(1980)	San Mateo(USA)	1 453	按空间划分 25 个市场		是
Goodman(1981)	New Haven(USA)	1 835	按空间地理区域划分 5 个子市场	Cliff, Haggett 和 Ord 检验	是
Gabriel(1984)	Beer Sheva(Israel)	89	按空间地理方位分 3 个子市场	邹检验	是
Michaels 和 Smith(1990)	Boston(USA)	2 182	按空间划分 4 个子市场	Brown-Durbin-Evans test 和 TG test	是
Allen 等(1995)	Clemson(USA)	215	按住房结构划分 3 个子市场	邹检验	是
Adair 等(1996)	Belfast(Northern Ireland)	999	住房类型：独栋，双拼，联排；每种类型下又划分三个区域：城市中心、城市中部、城市外围	R^2	是

续表

作者	地点	样本数	子市场划分依据	子市场检验方法	子市场是否存在
Bourassa (1999)	Sydne; Melbourne (Austrilia)	2 307; 2 354	因子分析与聚类分析结合空间标准划分 5 个	加权均方误	是
Fletcher 等 (2000)	Midlands Region(UK)	17 977	将英格兰中部地区 18 个城市划分为 18 个子市场	邹检验和样本外预测	是
Bowen(2001)	Cuyahoga County(USA)	2 441	以城区内河流为界按空间方位划分为东、西 2 个子市场	Hotelling's Multivariate T^2 Statistics	是
Watkins(2001)	Glasgow(Scotland)	2 200	按空间地理方位划分 6 个子市场;按住房类型划分 4 个子市场;上述二者结合划分 7 个子市场	邹检验	是
Branas-Garza 等 (2002)	Córdoba(Spain)	1 023	以城区内河流为界按空间方位划分南、北 2 个子市场	住房特征弹性及 t 统计量比较	是
Berry 等 (2003)	Dublin (Ireland)	4 312	按空间地理位置划分 4 个子市场	邹检验	是
Bourassa 等 (2003)	Auckland (New Zealand)	8 421	空间划分 34 个子市场	样本外预测	是
Goodman 和 Thibodeau (2003)	Dallas County (USA)	28 561	按人口普查单元划分 82 个子市场;按邮政编码划分 55 个子市场	邹检验和非嵌套检验	是

续表

作者	地点	样本数	子市场划分依据	子市场检验方法	子市场是否存在
Lipscomb 和 Farmer（2005）	Atlanta（USA）	820	按家庭特征划分 3 个子市场	RMSE，Breusch － Pagan χ^2	是
Roubi 和 Ghazaly（2007）	Greater Cairo（E-gypt）	4 400	从空间邻里关系划分 6 个子市场	邹检验	是
Alkay（2008）	Istanbul（Turkey）	522	按住户家庭收入：高、中、低划分 3 个子市场	邹检验	是
Navaneethan 等（2009）	Penang（Malaysia）	120	空间位置划分 6 个子市场	邹检验	是

6.3 住房子市场界定与实证检验

6.3.1 模型设定

本书实证研究以保定市为对象。保定市设有 3 个市辖区，分别为南市区、北市区、新市区（见图 3.1）。其中南市区是老城区，位于保定市区东南部，曾一度为政治、经济、文化中心。以直隶总督署为中心，东西横贯全区的裕华路商业网点聚集，一直是最繁华的商业路段。这里的居民住房除近几年拆迁改造新建小区外，仍有大量原公有住房体制下遗留下来的直管公房和单位住房。新市区是保定市新的政治中心和主要工业区，以天威集团、宝硕集团、乐凯胶片等"西郊八大厂"为代表的驻区国有大中型企业较多，工业发展基础好，单位住宅小区在该区域占很大比例。北市区地处保定市区东北部，已逐渐发展为文化区，除了东部的大学城外，这里有中国近代军事家的摇篮保定军校、河北省最大的广场保定军校广场和占地面积达 110 公顷的保定植物园。近几年，保定市城市发展迅速，涵盖新市区和北市区的东部和北部是发展的重点区域，相继在此创建了保定高新技术产业开发区、东区大学城，开发了大批中高档住宅小区，成为保定市房价最高的地区。综上所述，保定市是一座功能分区明确的城市，不同区域的住房也存在较大的差异，在我国传统型城市中有一定的代表性。按行政区划进行子市场划分能够较准确地对住房市场进行描述，其研究方法和研究结果对其他城市的住房市场研究有一定的适用性和指导意义。

Bourassa 等（2003）认为子市场划分过多或过少都会影响模型的拟合效果。例如，当住房市场被细分为越来越小（更为同质性）的市场时，样本数量会随之减少，标准误相应增大，估计精度降低。同时，随着市场被细分为同质性更高的子市场，住房特征的差异会降低，结果是一些变量从模型中剔除出去。这样，如果将上述模型用来估计未在市场上交易的住房价格，而该住房的特征变化较样本住房大时，估计结果的准确性就会降低。这是一个非常现实的问题，因为在一定时期，实际交易的住房或可观察到的房价仅占全部住房的很小一部分，后者比前者在住房特征上会有更大的差异。

鉴于保定市三个行政区功能定位明确，且通常对空间区位的供求相对于住房建筑特征更缺乏弹性，本书以行政区划为子市场划分依据，将保定市划分为南市区、北市区、新市区 3 个潜在子市场，分别建立保定市的单一整体市场模型和三个行政区的子市场模型。

参见第 4 章与第 5 章的讨论，选择半对数函数形式的 Hedonic 价格模型：

$$\ln P = \beta_0 + \beta_1 age + \beta_2 area + \beta_3 areasq + \sum_{j=4}^{25(27)} \beta_j D_j + \varepsilon \tag{6.2}$$

模型中各变量的定义见表 3.2。

6.3.2　子市场检验方法

子市场的划分是以 Hedonic 函数中的隐含价格差异为依据的，如果各子市场之间相应的隐含价格存在显著的差异，则被视为子市场存在的证据；如果差异不显著，单一整体市场模型可以作为解释住房价格的有效工具。具体统计检验步骤如下。

首先进行模型的结构稳定性检验。在回归方程相同的虚拟假设下，邹检验是用来两两比较回归方程是否存在显著差异的常规方法。构建的 F 统计量为：

$$F = \frac{\left[SSR_C - \left(SSR_1 + SSR_2 \right) \right]}{\left(SSR_1 + SSR_2 \right)} \times \frac{\left(N_1 + N_2 - 2K \right)}{K} \tag{6.3}$$

式中 N_1、N_2、SSR_1、SSR_2 分别为模型 1 和模型 2 的样本数量及残差平方和。SSR_C 为约束模型的残差平方和，K 为模型中的解释变量数（包括常数项）。

邹检验是一个 F 检验，只有在同方差条件下才是有效的，如果各子市场 Hedonic 价格模型的干扰方差不相等，邹检验就会失效。这时可以利用瓦尔德统计量检验子市场模型的稳定性，具体讨论和公式参见第 5 章。

如果上述 F 或 W 统计量很大，就可以拒绝虚拟假设，说明子市场存在。

子市场模型中各个住房特征的隐含价格差异采用 Tiao - Goldberger 检验。Tiao - Goldberger 检验的虚拟假设为各模型中第 j 个解释变量的系数（即隐含价格）相等，F 统计量为：

$$F_j^{TG} = \frac{\sum_{i=1}^{L} \frac{(\hat{b}_{ij} - \bar{b}_j)^2}{P_{ij}}}{\sum_{i=1}^{L} SSR_i} \times \frac{\sum_{i=1}^{L} (T_i - K_i)}{(L-1)} \tag{6.4}$$

式中

$$\bar{b}_j = \sum_{i=1}^{L} \frac{\hat{b}_{ij}}{P_{ij}} \Big/ \sum_{i=1}^{L} \frac{1}{P_{ij}} \tag{6.5}$$

L 为模型的数量；$\hat{b}_{ij}$ 为模型 i 中第 j 个参数的估计值；P_{ij} 为模型 i 中（X'

$X)_i^{-1}$第 j 个参数的对角元素；SSR_i 为模型 i 的残差平方和；T_i 为模型 i 中样本数量；K_i 为模型 i 中解释变量数（包括常数项）。检验统计量具有自由度为 $(L-1)$，$\sum_{i=1}^{L}(T_i - K_i)$ 的 F 分布。如果 F_j^{TG} 值较大，则说明各子市场之间第 j 个隐含价格存在显著的差异。

6.3.3 实证结果

表 6.2 列出了 Stata/SE11.0 软件估计的实证结果。

表 6.2　Hedonic 回归结果

Table 6.2　Results of hedonic regression

变量	整体 （14 810）	南市区 （3 644）	北市区 （5 928）	新市区 （5 238）	F^{TG} 统计量
_cons	7.513 524***	7.507 419***	7.505 014***	7.666 441***	0.34
	(0.012 318)	(0.024 890)	(0.019 630)	(0.023 977)	
age	−0.003 806***	−0.002 874***	−0.004 334***	−0.005 096***	5.60***
	(0.000 371)	(0.000 864)	(0.000 689)	(0.000 518)	
area	0.001 139***	0.001 254***	0.002 063***	0.000 103	2145.95***
	(0.000 130)	(0.000 236)	(0.000 211)	(0.000 253)	
areasq	−4.74e−06***	−5.19e−06***	−7.35e−06***	−1.69e−06**	393.01***
	(5.34e−07)	(8.45e−07)	(9.08e−07)	(1.05e−06)	
subbotfl	−0.019 733***	−0.036 912***	−0.013 204***	−0.013 645	5.24***
	(0.005 639)	(0.011 835)	(0.008 566)	(0.009 242)	
mediumfl	−0.033 048***	−0.048 801***	−0.026 585***	−0.026 881***	8.12***
	(0.004 589)	(0.009 740)	(0.006 894)	(0.007 699)	
subtopfl	−0.082 081***	−0.083 678***	−0.085 135***	−0.066 719***	4.05**
	(0.005 103)	(0.011 042)	(0.007 910)	(0.008 219)	
topfl	−0.135 564***	−0.139 837***	−0.132 227***	−0.132 061***	0.92
	(0.004 694)	(0.010 009)	(0.007 204)	(0.007 602)	
heat	0.257 413***	0.260 010***	0.254 385***	0.234 180***	13.85***
	(0.005 907)	(0.010 466)	(0.009 091)	(0.012 507)	

续表

变量	整体 (14 810)	南市区 (3 644)	北市区 (5 928)	新市区 (5 238)	F^{TG}统计量
heatgas	0.261 841***	0.268 861***	0.243 739***	0.254 650***	6.70***
	(0.006 736)	(0.014 474)	(0.010 828)	(0.012 695)	
centheat	0.179 701***	0.244 414***	0.139 237***	0.059 010	9.85***
	(0.022 154)	(0.033 645)	(0.040 264)	(0.036 294)	
interior	0.030 186***	0.031 172**	0.030 750***	0.029 841***	0.01
	(0.004 886)	(0.010 644)	(0.008 346)	(0.007 046)	
enviro	0.095 627***	0.111 972***	0.116 777***	0.056 141***	53.03***
	(0.003 700)	(0.009 572)	(0.005 939)	(0.005 724)	
school	0.066 440***	0.085 451***	0.031 449***	0.066 330	17.44***
	(0.005 173)	(0.009 865)	(0.006 073)	(0.038 687)	
trans	0.053 471***	0.078 818***	0.056 544***	0.020 287***	31.38***
	(0.003 141)	(0.008 088)	(0.004 633)	(0.004 760)	
public	−0.252 429***	−0.221 777***	−0.296 826***	−0.204 241***	17.07***
	(0.010 236)	(0.014 950)	(0.014 412)	(0.034 874)	
t_{071}	0.093 978***	0.067 174	0.101 631***	0.107 889***	3.29**
	(0.009 501)	(0.018 834)	(0.015 382)	(0.014 836)	
t_{072}	0.157 869***	0.141 061***	0.163 901***	0.164 009***	4.26**
	(0.006 857)	(0.013 874)	(0.011 178)	(0.011 015)	
t_{073}	0.235 537***	0.217 772***	0.240 819***	0.251 664***	3.38***
	(0.008 160)	(0.016 594)	(0.013 756)	(0.012 228)	
t_{074}	0.296 392***	0.281 954***	0.303 921***	0.302 034***	3.01**
	(0.006 972)	(0.013 734)	(0.011 261)	(0.011 284)	
t_{081}	0.313 256***	0.286 016***	0.319 844***	0.328 324***	8.74***
	(0.007 307)	(0.014 500)	(0.012 046)	(0.011 302)	
t_{082}	0.321 590***	0.302 302***	0.332 143***	0.325 947***	5.70***
	(0.006 824)	(0.013 707)	(0.011 244)	(0.010 872)	

变量	整体 （14 810）	南市区 （3 644）	北市区 （5 928）	新市区 （5 238）	F^{TG}统计量
t_{083}	0.310 095 * * *	0.295 350 * * *	0.314 588 * * *	0.318 473 * * *	2.57 *
	（0.006 931）	（0.014 443）	（0.011 253）	（0.010 956）	
t_{084}	0.271 832 * * *	0.259 549 * * *	0.281 534 * * *	0.272 712 * * *	2.07
	（0.006 983）	（0.014 400）	（0.011 185）	（0.011 337）	
t_{091}	0.262 605 * * *	0.272 558 * * *	0.275 954 * * *	0.242 265 * * *	2.84 *
	（0.009 342）	（0.019 669）	（0.015 042）	（0.014 133）	
t_{092}	0.321 593 * * *	0.314 596 * * *	0.327 328 * * *	0.324 355 * * *	0.40
	（0.008 341）	（0.017 110）	（0.013 322）	（0.013 471）	
$beishiqu$	0.048 759 * * *				
	（0.003 826）				
$xinshiqu$	0.058 980 * * *				
	（0.004 022）				
F	505.55	148.09	259.93	144.51	
$R^2 - Adj$	0.569 1	0.551 4	0.606 3	0.505 7	

注：括号内为异方差稳健标准误；*、* *、* * *分别表示系数在10%、5%、1%水平下显著；$botfl$、t_{064}、和整体模型中的$nanshiqu$作为基准变量在模型中省略。

表6.2第2列为整体市场估计结果，为刻画不同行政区间价格差异，模型中加入北市区和新市区两个虚拟变量，结果表明在其他条件相同的情况下，这两个区的房价显著高于南市区，但是这种设定方法是以消费者偏好在不同行政区相同（即隐含价格相同）为前提。为探究不同行政区消费者偏好的差异，分别建立了三个区的子市场模型，见表6.2第3~5列。上述四个模型总体显著，且具有较好的解释力。

下列变量在不同模型中的估计值虽然各不相同，但其显著性水平比较稳定：楼龄变量显著为负，反映了旧房存在贬值；有暖气或天然气等配套设施、交通便利、环境优美的住房价格会显著提高；公房由于产权受到限制，其价格显著低于商品房价格；模型中的t_{071}~t_{092}反映质量控制下的住房纯价格波动，以2006年10~12月为基期，2008年第二个季度到2009年第一季度的住房价格都有显著的下跌外，其他时间均为上涨，这与全国房地产价格走势基本一致。

观察表 6.2 不难发现，各子市场模型方差均不相同，为进一步验证三个行政区间存在的组间异方差，利用 Stata 软件中的 robvar 命令，得到 W_0、W_{50}、W_{10} 统计量分别为 47.48、41.09、42.34，组间同方差的虚拟假设被拒绝。在这种情况下邹检验失效，因此采用瓦尔德检验，求出两两组合的瓦尔德统计量：南市区和北市区为 250.50；北市区和新市区为 279.39；新市区和南市区为 416.83；均在 1% 水平拒绝模型相同的虚拟假设，说明各组合模型中，至少有一对参数存在显著差异，提供了子市场存在的证据。但是瓦尔德检验并不能说明哪些参数存在差异，为此利用 Tiao - Goldberger 检验，进一步检验各个解释变量隐含价格的差异。检验结果见表 6.2 第 5 列，26 个变量（含常数项）中相互之间差异在 5% 水平显著的多达 19 个，其中住房面积、楼龄、采暖设施、环境、临近学校、交通等特征的隐含价格在 1% 水平存在明显差异，说明不同子市场的消费者对上述特征的支付意愿不尽相同。常数项和装修变量在三个市区差异不显著，主要原因在于建筑及装修市场是一个地区性市场，同一地区的建筑材料价格和人工费用相同，建筑造价和装修造价没有显著差异，因此在 Hedonic 住房价格模型中常数项和装修变量的隐含价格差异不显著。保定市重点中小学集中在南市区和北市区，所以在上述区域，临近重点学校会显著提高房价；不过新市区重点学校的数量与质量低于南市区和北市区，故 *school* 变量不显著。通过 Tiao - Goldberger 检验进一步证实了瓦尔德检验的结论，而且从中可以发现不同子市场之间存在显著差异的隐含价格，为分析消费者的住房特征偏好差异提供了依据。

6.4　城市内住房价格的时空波动

计算各子市场平均价格，南市区为 2 876.90 元/平方米，新市区为 3 165.30 元/平方米，北市区为 3 181.56 元/平方米。显然，北市区房价最高，南市区房价最低，其价格差异分别为：北市区比南市区高 10.58%、新市区比南市区高 10.02%、北市区比新市区高 0.51%。但上述价格差异既包括纯粹的价格差异，另外还包括了样本住房质量的价格差异，因此需要进行质量调整。

在单一市场模型中引入区位变量，反映在住房质量相同的条件下，不同行政区位房价差异，北市区和新市区的房价分别比南市区高为 4.9% 和 5.9%，见表6.2。他们的价格差异低于简单算术平均价格比率,反映出剔除住房质量不同的纯价格差异,与平均价格比率不同的是新市区房价高于北市区。上述结果的原因在于,在3个行政区中北市区住房质量最高,新市区次之,南市区最低。由于 Hedonic 价格模型控制了不同子市场住房质量不变,单一市场模型中的行政区变量系数反映了3个行政区之间纯粹的价格差异。不过,单一模型设定隐含假定不同区位住房隐含价格相同,上一节利用瓦尔德检验和 Tiao - Goldberger 检验已证明,单一城市模型参数不稳定,即使在同一个城市,不同子市场模型的特征变量参数和时间虚拟变量参数也存在显著差异。因此,合理的选择应以各子市场为基础分别计算其在时间与空间维度的价格指数。

6.4.1 空间价格差异

首先对各个子市场的 Hedonic 价格模型进行回归估计,然后在此基础上采用费雪特征价格指数的计算方法,在固定南市区、北市区、新市区住房特征不变的条件下,分别估算各个行政区的平均价格。北市区与南市区的价格差异采用 (6.6) 式计算:

$$I_F^{b-n} = \sqrt[3]{\frac{\hat{P}^b(Z_n)}{\hat{P}^n(Z_n)} \times \frac{\hat{P}^b(Z_b)}{\hat{P}^n(Z_b)} \times \frac{\hat{P}^b(Z_x)}{\hat{P}^n(Z_x)}} \tag{6.6}$$

式中为 I_F^{b-n} 北市区与南市区费雪价格指数,$\hat{P}^b(Z_n)$、$\hat{P}^b(Z_b)$、$\hat{P}^b(Z_x)$ 分别为固定南市区、北市区与新市区住房特征时,北市区的 Hedonic 估算价格。同理可以估算出新市区与南市区价格,结果见表6.3。

采用式 (6.6) 计算得出北市区比南市区房价高4.51%,新市区比南市区高5.58%,新市区比北市区高1.02%。通过与简单均值价格差异比较,质量调整后的价格差异远远低于前者,说明新市区与北市区的住房质量普遍高于南市区。与整体模型中区位虚拟变量得到的结果相比,二者差异较小,但按费雪特征价格指数法计算的结果更准确。

表 6.3　估算价格

Table 6.3　　Imputation price

序号	价格符号	平均价格（元/m²）
1	$\hat{P}^n(Z_n)$	2 838.438
2	$\hat{P}^n(Z_b)$	3 011.887

序号	价格符号	平均价格（元/m²）
3	$\hat{P}^n (Z_x)$	2 964.072
4	$\hat{P}^b (Z_n)$	2 954.582
5	$\hat{P}^b (Z_b)$	3 145.602
6	$\hat{P}^b (Z_x)$	3 112.634
7	$\hat{P}^x (Z_n)$	3 034.457
8	$\hat{P}^x (Z_b)$	3 133.165
9	$\hat{P}^x (Z_x)$	3 136.527

6.4.2 时间价格差异

在划分子市场后，各子市场样本数量大大低于单一市场模型，如果按季度采用特征价格指数法，样本数量进一步减少，模型的拟合精度降低幅度很大，因此利用表6.2各个子市场的回归结果，按照混合时间虚拟变量法计算出各个子市场的时间序列定基价格指数。见表6.4。

表 6.4　子市场定基价格指数

Table 6.5　Fixed base sub – market housing price indexes

时间	南市区	北市区	新市区
2007 第一季度	106.948	110.697	111.392
2007 第二季度	115.149	117.810	117.822
2007 第三季度	124.330	127.229	128.616
2007 第四季度	132.572	135.516	135.261
2008 第一季度	133.111	137.691	138.864
2008 第二季度	135.297	139.395	138.534
2008 第三季度	134.360	136.969	137.503
2008 第四季度	129.635	132.516	131.352
2009 第一季度	131.332	131.779	127.413
2009 第二季度	136.971	138.726	138.314

同理，按公式（5.6）可计算出子市场环比价格指数。见表6.5。

表 6.5　子市场环比价格指数

Table 6.5　Chained sub – market housing price indexes

时间	南市区	北市区	新市区
2007 第一季度	106.948	110.697	111.392
2007 第二季度	107.669	106.425	105.772
2007 第三季度	107.973	107.995	109.161
2007 第四季度	106.629	106.514	105.166
2008 第一季度	100.407	101.605	102.664
2008 第二季度	101.642	101.237	99.763
2008 第三季度	99.307	98.260	99.255
2008 第四季度	96.483	96.749	95.527
2009 第一季度	101.309	99.444	97.001
2009 第二季度	104.293	105.272	108.555

在此基础上，由于各子市场样本数量不同，采用式（6.7）以各子市场的样本数量为权重，计算整体市场价格指数，结果见表 6.6。

$$I^{t,t-1} = \frac{I_n^{t,t-1} \times Q_n + I_b^{t,t-1} \times Q_b + I_x^{t,t-1} \times Q_x}{Q_n + Q_b + Q_x} \tag{6.7}$$

式中 $I^{t,t-1}$ 为 t，$t-1$ 期价格指数，Q 为样本数量，下标 n、b、x 分别表示南市区、北市区、新市区。

表 6.6　整体市场住房价格指数

Table 6.6　Whole market housing price indexes

时间	环比指数	定基指数
2007 第一季度	109.863	109 863
2007 第二季度	106.502	117.150
2007 第三季度	108.387	126.927
2007 第四季度	106.084	134.611
2008 第一季度	101.684	136.985
2008 第二季度	100.798	138.062
2008 第三季度	98.872	136.579

续表

时间	环比指数	定基指数
2008 第四季度	96.247	131.505
2009 第一季度	99.000	130.146
2009 第二季度	106.196	138.198

6.5　本章小结

本章从住房特征隐含价格差异的角度入手，通过建立 Hedonic 价格模型细分城市住房子市场。由于住房的不可移动性和位置固定性，空间差异对住房市场产生重要的影响，而且研究对象各个行政区有不同的功能定位，因此，按行政区划边界划分住房子市场。考虑到异方差的存在，为得到有效的 OLS 推断，采用了异方差稳健的估计。在邹检验失效的情况下构建了瓦尔德统计量，城市住房单一市场虚拟假设被拒绝。通过 Tiao – Goldberger 检验，发现在 26 个解释变量中仅有 7 个变量差异的显著性低于 5%。在这种情况下，采用单一整体市场 Hedonic 价格模型进行估计，隐含价格系数会出现偏误。

在子市场存在的情况下，本章利用费雪住房特征价格指数，计算了不同行政区之间的价格差异。同时，计算出各子市场混合时间虚拟变量指数，在此基础上，以子市场样本数量为权重，计算出保定市二手房市场自 2007 年第一季度至 2009 年第二季度的价格指数。

第 7 章

研究结论与展望

7.1 主要结论

本书利用 Hedonic 住房价格模型，从住房特征隐含价格的视角，对住房价格测度问题进行了探讨。首先，讨论了模型选择与设定的问题；其次，讨论了 Hedonic 质量调整的思路与具体方法，并通过实证检验对各种方法进行了比较；最后，讨论了住房子市场划分与检验的方法，将单一城市住房市场按行政区划分为 3 个住房子市场，统计检验证明了子市场的存在，在此基础上，计算出各子市场住房价格在时间与空间维度的变动情况。本书实证研究均以河北省保定市二手房市场为对象，文章研究的主要结论可以概括为以下四方面：

①我国二手房市场 Hedonic 住房价格模型中的解释变量分为：建筑特征、区位特征、邻里特征和交易特征。

国外文献一般仅将解释变量分为建筑特征、区位特征、邻里特征 3 大类，国内现有文献也同样依此划分，如温海珍（2004）等。考虑到我国二手房市场的实际情况，本书增加了交易特征变量，其中"公房"变量反映仅拥有部分产权的公有住房与全产权的普通商品房的差价，"急售"反映的是急于出手的卖方登记的挂牌价格低于正常市场价格的幅度。与国外文献以独户住房为主的情况不同，我国城市居民住房绝大部分为单元楼房，因此本书模型解释变量没有在建筑特征中设定占地面积，而是增加了国外文献从未出现的相对楼层变量。另外，经常出现在国外文献中的房间数量变量，包括卧室、客厅、卫生间数量，经检验与住房面积间存在多重共线性，没有出现在本书模型中。本书增加的上述变量在模型中均统计显著。

②Box – Cox 函数预测精度高于线性、半对数、双对数等函数，但差异不大。在被解释变量不同时，统计软件报告的 R^2 值不能作为最佳函数形式判断依据。

Hedonic 价格模型设定是实证研究最关键的一项工作，模型是否准确合理直接关系到研究结论的可靠性。由于 Hedonic 理论没有解决函数形式选择的问题，国内文献主要借鉴国外经验，或者直接选用线性、半对数或双对数函数，或者通过拟合优度检验选择一个 R^2 值较大的函数，该方法在被解释变量不同时不再适用。本书通过 Box – Cox 变换建立 Hedonic 函数，利用对数似然比与样本外预测的 Theil U 统计量对文献中出现最多的线性、半对数、双对数等函数形式与 Box – Cox 函数的拟合效果进行评估。结果显示，Box – Cox 函数优于其他 3 种函数，但所有函数的预测误差均很小。与上述检验结果对照，如果以 Stata 软件直接给出的 R^2 值为依据，得出的结论与此不符。为了使 R^2 估计值可比，本书将取对数和 Box – Cox 变换后的被解释变量转换为实际值，依此计算出的 R^2 值作为拟合优度标准，检验结果与对数似然比和样本外预测的 Theil U 检验相同。

由于数据质量的缺陷，有时最科学的方法未必是最准确的方法，为增加价格量测精度而使运算、操作过程复杂化也未必是最佳技术方案，研究者应根据研究的目的，在模型的精度与简洁之间进行权衡。

③住房价格变动水平受样本构成的影响，采用简单平均值法计算价格指数不能反映真实的价格变动规律，必须通过质量调整技术剔除质量差异，以得到纯粹的住房价格变动。

本书分析了时间虚拟变量法、特征价格指数法和 Hedonic 价格估算法等 3 种 Hedonic 价格指数质量调整的原理与计算过程，借助 Hedonic 住房价格模型建立了 5 种质量调整的住房基本价格指数。通过实证比较和检验发现：邻期时间虚拟变量环比价格指数与费雪环比特征价格指数相近，二者差异不显著。瓦尔德检验表明即使在相邻季度 Hedonic 函数也可能存在显著的结构变化，特征价格指数优于时间虚拟变量指数。但是，邻期指数样本数量大于单期样本数量，所以邻期的回归函数精度高于单期函数。样本构成差异不大时，模型结构变化对邻期时间虚拟变量指数与费雪特征价格指数差异的影响不十分敏感，二者差异不显著。在样本数量足够大时，最佳选择为特征价格指数；在样本数量较少时，邻期时间虚拟变量指数乃至于混合时间虚拟变量指数也是一个可行的选择。通过 Hedonic 质量控制，环比价格指数能够比定基价格指数更好地反映价格的动态波动，尤其在不同时期样本构成差异较大时效果更为明显。虽然特征价格指数可以利用各报告期和固定比较期的 Hedonic 函数直接计算定基价格指数，但如果时间跨度较长，这种方法难以反映住房特征与价格连续波动的轨迹，笔者建议采用以环比指数为基础的链式指数计算定基特征价格指数。

由于住房的异质性属性，在分析价格波动趋势时，很难保证住房样本的同质可比，忽视质量变化势必得出错误的判断，如何进行质量调整以准确测度价格指数成为迫切需要解决的问题。国外大量实证研究文献表明，选择不同的住房价格指数计算方法，得到的结果不同。在众多质量调整技术中，Hedonic 技术无疑是最有效的工具之一。

④城市住房市场在空间区位上存在差异，为更准确的描述住房价格与住房特征之间的关系，应尽可能将单一城市住房市场划分为若干子市场。

长期以来，单中心城市模型在城市住房市场研究中始终处于统治地位。但是，由于住房的位置固定性和异质性，住房特征和住房价格在不同区位之间的差异是城市住房市场的基本特征。同一城市内的住房市场仍然具有异质性，住房特征的隐含价格在不同的空间范围或不同的住房类型之间是不稳定的，因此不是单一的整体市场，而应细分为多个子市场。

从住房特征隐含价格差异的角度入手，基于研究对象保定市各个行政区有不同的功能定位，本书按行政区划边界划分住房子市场，建立各行政区的 Hedonic 住房价格模型。利用 Stata 软件中的 robvar 检验，组间同方差的虚拟假设被拒绝。在这种情况下邹检验不再适用，因此采用瓦尔德检验，求出两两组合的瓦尔德统计量：南市区和北市区为 250.50；北市区和新市区为 279.39；新市区和南市区为 416.83；均在 1% 水平拒绝模型相同的虚拟假设，说明各组合模型中，至少有一对参数存在显著差异，提供了子市场存在的证据，城市住房单一市场虚拟假设被拒绝。进一步，通过 Tiao - Goldberger 检验，发现在 26 个解释变量中仅有 7 个变量差异的显著性低于 5%，表明不同子市场，人们对住房特征的支付意愿不同，空间差异对住房市场产生重要的影响。在这种情况下，采用单一整体市场 Hedonic 价格模型进行估计，隐含价格系数会出现偏误。

本书利用各子市场 Hedonic 价格模型估计结果，采用特征价格指数的方法，在进行质量调整之后，计算出各子市场间的平均价格差异。结果发现在保定市住房市场，对于相同质量的住房，新市区房价最高，南市区房价最低，北市区比南市区房价高 4.51%，新市区比南市区高 5.58%，新市区比北市区高 1.02%。

7.2　　研究的不足及进一步研究方向

不容否认，Hedonic 方法存在先天局限性。尤其是 Hedonic 回归对数据的质量与数量要求较高，研究者除了需要搜集大量的数据外，还要对数据进行加工、处理。自 Court 之后，Hedonic 研究蛰伏 20 多年的主要原因就在于数据的搜集与处理。而 20 世纪 60 年代以后，以美国为代表的欧美国家之所以在 Hedonic 研究方面取得大量的成果，正是得益于他们大多数城市都建有大规模的住房信息数据库，如多重上市服务系统（Multiple Listing System）。国内目前仍没有一个权威的住房交易数据库，住房交易数据难以取得一直是制约我国房地产实证研究的瓶颈。而 Hedonic 研究除了住房价格以外，还需要有尽可能详细的住房特征信息。如果凭借研究者自己从开发商处调查数据，一是搜集的样本数量有限，相对于国外动辄上万的数据，国内大部分文献研究样本数量仅几百个甚至几十个，其研究结论的可靠性难免会受到质疑；二是大多数开发公司均不愿透露真实的交易价格，数据的准确性也难以保障。在这种情况下国内住房实证研究多利用房地产专业网站的信息，不过这些网上信息的发布并非以学术研究为目的，研究者还需做大量的处理工作。

本书作者自 2007 年开始追踪嘉信房产网，迄今已搜集样本数据 20 000 余条。在数据处理阶段，首先将价格构成混乱的挂牌价格进行了统一，将挂牌价格作为与住房特征密切相关的纯粹的住房价格，剔除了各种交易费用、后期费用等。其次增加了交通条件、临近学校情况和环境质量等变量，实证结果表明，这些特征对住房价格有显著影响。此外将登记错误的信息进行了纠正，主要是样本所在行政区标注错误。尽管作者补充了部分区位及邻里特征，但仍有一些重要信息仍难以准确描述，如装修程度等。另外模型中也没有设定到 CBD 的距离等反映可及性的解释变量。在今后的研究中可以借助 GIS 系统，对样本的空间区位特征进行详细的描述。城市住房理论非常强调空间区位对住房决策的影响，本书仅建立了简单的 OLS 模型，下一步，作者将分别研究多层线性模型和空间计量模型在 Hedonic 分析中的应用，以更好地刻画城市住房价格空间分布规律。

　　囿于数据的局限，本书样本时间跨度较短，无法追踪住房特征和价格长期波动的规律，但从表5.1可以发现样本数量在元旦与春节期间远远小于其他阶段。住房价格是否存在季节性波动，以及如何进行季节调整是一个值得关注的问题。本书建立的住房价格指数属于单一城市多层住房二手房的基本价格指数，是房地产价格指数体系中最基础的指数，未进行加权。至于是否应该加权，如何加权，尤其是时间虚拟变量指数的加权问题，以及如何在此基础上与其他基本价格指数通过加权计算，编制城市综合房地产价格指数，乃至省级或全国房地产价格指数，有待于进一步研究。

　　本书依据行政区划边界建立了住房子市场，统计检验证实了子市场的存在。但是，依据行政区划界定子市场的方法稍嫌粗略，在样本数量足够大时，可以进一步按更小的区域范围，如街区，划分更多的子市场，然后利用瓦尔德检验将同质性的子市场合并，最终确定子市场的数量。另外，在依照空间范围划分子市场的同时，可以结合其他住房特征如产权状况等细分子市场。

　　由于能够较好地刻画异质性商品的价格变动规律，Hedonic价格模型已成为分析住房市场的一个重要工具。在计算机与网络广泛普及、统计分析软件功能日益强大的今天，Hedonic分析技术有着更为广阔的应用前景。

参考文献

阿隆索 W. 2007. 区位和土地利用 ［M］. 梁进社，等译. 北京：商务印书馆.

奥沙利文 A. 2003. 城市经济学 ［M］. 苏晓燕，等译. 北京：中信出版社.

陈敬东，姚贵州，张建锋，等. 2002. 享乐评价法在房地产评估中的应用 ［J］. 西安理工大学学报，18（1）：102～105.

程亚鹏，刘永健，张虎. 2000. 保定市商品住宅价格分析 ［J］. 河北建筑工程学院学报，18（1）：92～94.

崔保山，杨志峰. 2001. 吉林省典型湿地资源效益评价研究 ［J］. 资源科学，23（3）：55～61.

弗里曼 A. M. 2002. 环境与资源价值评估：理论与方法 ［M］. 曾贤刚，译. 北京：中国人民大学出版社.

高志尊. 1999. 规范成本构成 降低住房价格 ［J］. 价格理论与实践，（12）：19～20.

格林 W. H. 2007. 计量经济分析 ［M］. 费剑平，译. 2 版. 北京：中国人民大学出版社.

古扎拉蒂 D. N. 2005. 计量经济学基础 ［M］. 林少宫，译. 4 版. 北京：中国人民大学出版社.

谷一桢，郭睿. 2008. 轨道交通对房地产价值的影响：以北京市八通线为例 ［J］. 经济地理，28（3）：411～414.

郭文刚，崔新明，温海珍. 2006. 城市住宅特征价格分析：对杭州市的实证研究 ［J］. 经济地理，26（S1）：172～175/187.

黄桐城，杨健. 2000. 模糊评判在住宅价格评估中的应用 ［J］. 系统工程理论方法应用，9（3）：258～262/264.

蒋一军，裘江辉. 1996. 房地产价格指数与 hedonic 模型 ［J］. 中国资产评估，（3）：30～32.

金成晓，马丽娟. 2008. 征收物业税对住房价格影响的动态计量分析 ［J］. 经济科学，（6）：100～112.

金三林.2007.我国房价收入比的社会差距与住房政策体系的基本构想 [J].经济纵横,(9):12~17.

冷凯君,曾祥金.2005.半参数方法在 hedonic 方程中的应用 [J].统计与决策,(22):25~27.

李爱华,成思危,李自然.2006.城镇居民住房购买力研究 [J].管理科学学报,9(5):8~14/43.

厉伟.2007.论住房价格高低的评判标准:从生命周期理论角度的一点思考 [J].消费经济,23(1):68~72.

梁青槐,孔令洋,邓文斌.2007.城市轨道交通对沿线住宅价值影响定量计算实例研究 [J].土木工程学报,40(4):98~103.

刘东兰.2000.水资源评价方法及其应用 [J].国土与自然资源研究,(2):57~60.

刘海林,张甄.2004.住宅价格的评估方法研究 [J].价值工程,(7):91~92.

刘强,黄澜.1999.森林资源的价值评估 [J].海南师范学院学报(自然科学版),12(2):99~105.

刘勇.2002.从住房价格机制看我国商品房价格畸高的原因 [J].城市问题,(1):37~41.

吕品.2009.我国住房生产成本对房价的影响分析 [J].价格理论与实践,(4):63~64.

马思新,李昂.2003.基于 hedonic 模型的北京住宅价格影响因素分析 [J].土木工程学报,36(9):59~64.

孟勉,李文斌.2006.Hedonic 和结构方程模型下的北京别墅价格分析 [J].经济地理,(S1):165~171.

平狄克 R.S,鲁宾费尔德 D.L.1999.经济计量模型与经济预测 [M].钱小军,等译.4版.北京:机械工业出版社.

施继余,杜葵,唐小莉.2008.基于两阶段建模思想的住宅 hedonic 价格模型的建立 [J].昆明理工大学学报(理工版),33(5):57~60.

斯特拉斯蔡姆 M.2003.城市住宅区位理论 [M]//米尔斯 E.S.区域和城市经济学手册(第2卷)城市经济学,郝寿义,等译.北京:经济科学出版社.

孙宪华,刘振惠,张晨曦.2008.特征价格法在房地产价格指数中的应用 [J].现代财经(天津财经大学学报),28(5):61~65.

陶丽,方斌.2008.居民收入与住房价格关系的实证分析:以南京市为例 [J].价格理论与实践,(6):46~47.

特里普利特 J.E.1996.享乐函数和享乐指数 [M]//伊特韦尔 J,米尔盖特 M,纽曼 P.新帕尔格雷夫经济学大辞典(第二卷).北京:经济科学出版社:679.

王冲冲，陈怡慧．2009．城市轨道交通对周边写字楼租金的影响研究：基于北京地铁十号线的实证分析［J］．建筑经济，（S1）：46～49．

王德，黄万枢．2007．外部环境对住宅价格影响的 hedonic 法研究：以上海市为例［J］．城市规划，31（9）：34～41/46．

王光玉，洪璐．2008．住房价格影响要素的实证分析［J］．统计与决策，（8）：80～81．

王力宾．1999．住房特征价格指数编制方法与实证分析［J］．数量经济技术经济研究，（7）：37～40．

王明生，周晓军，周琛．2008．天津地铁 1 号线对沿线房地产价格的影响［J］．铁道运输与经济，30（12）：46～49．

王一兵．2005．商品房价格指数的半参数分析［J］．数量经济技术经济研究，（5）：101～109/156．

王莹，冯宗宪，金维兴．2008．基于结构方程模型的住宅综合特征的评估［J］．统计与决策，（6）：110～112．

温海珍．2004．城市住宅的特征价格：理论与实证研究［D］．杭州：浙江大学博士学位论文．

温海珍，贾生华．2004．住宅的特征与特征的价格：基于特征价格模型的分析［J］．浙江大学学报（工学版），38（10）：1338～1342/1349．

吴阿娜，邰俊，杨凯，等．2004．城市内河综合整治工程对周边房产的影响研究：以上海浦东张家浜为例［J］．世界地理研究，13（2）：77～82．

吴冬梅，郭忠兴，陈会广．2008．城市居住区湖景生态景观对住宅价格的影响：以南京市莫愁湖为例［J］．资源科学，30（10）：1503～1510．

吴刚．2009．城市居民住房支付能力研究：基于 2000～2008 我国 10 城市的经验数据［J］．城市发展研究，（9）：20～25．

吴璟，刘洪玉，马亚男．2007．住房价格指数的主要编制方法及其选择［J］．建筑经济，（7）：27～30．

于璐，郑思齐，刘洪玉．2008．住房价格梯度的空间互异性及影响因素：对北京城市空间结构的实证研究［J］．经济地理，28（3）：406～410．

袁一泓．2006．房价统计背后玄机：四部门数据为何与统计局不同［N/OL］．中国证券报，2006～8～19．http：//www.ce.cn/cysc/zgfdc/fczx/200608/19/t20060819_ 8196554.shtml．

张红，马进军，朱宏亮．2007．城市轨道交通对沿线住宅项目价格的影响［J］．北京交通大学学报，31（3）：10～13．

张宏斌，贾生华．2000．编制城市房地产价格指数的理论模型和实用方法［J］．中国软科学，（4）：64～67．

赵琰，程亚鹏，张苏．2008．基于 Hedonic 模型的石家庄市住宅属性价格分析［J］．商场现代化, (22): 291.

邹高禄, 渠文晋, 邓沛, 等. 2005. 二手房价格对于住房特征和区位变化敏感性分析 [J]. 西南师范大学学报 (自然科学版), 30 (3): 525~555.

Adair A. S. , Berry J. N. , McGreal W. S. 1996. Hedonic Modelling, Housing Submarkets and Residential Valuation [J]. *Journal of Property Research*, 13 (1): 67~83.

Adair A. S. , McGreal S. , Smyth A. , et al. 2000. House Prices and Accessibility: The Testing of Relationships within the Belfast Urban Area [J]. *Housing Studies*, 15 (5): 699~716.

Alkay E. 2008. Housing Submarket in Istanbul [J]. *International Real Estate Review*, 11 (1): 113~127.

Allen M. T. , Springer T. M. , Waller N. G. 1995. Implicit Pricing across Residential Rental Submarket [J]. *Journal of Real Estate Finance and Economics*, 11 (2): 137~151.

Andersson D. E. , Shyr O. F. , Fu J. 2010. Does High – Speed Rail Accessibility Influence Residential Property Prices? Hedonic Estimates from Southern Taiwan [J]. *Journal of Transport Geography*, 18 (1): 166~174.

Anglin P. M. , Gencay R. 1996. Semiparametric Estimation of a Hedonic Price Function [J]. *Journal of Applied Econometrics*, 11 (6): 633~648.

Arimah B. C. 1996. Willingness to Pay for Improved Environmental Sanitation in a Nigerian City [J]. *Journal of Environmental Management*, 48 (2): 127~138.

Bailey M. J. , Muth R. F. , Nourse H. O. 1963. A Regression Method for Real Estate Price Index Construction [J]. *Journal of the American Statistical Association*, 58 (30): 933~942.

Ball M. J. , Kirwan R. M. 1977. Accessibility and Supply Constraints in the Urban Housing Market [J]. *Urban Studies*, 14 (1): 11~32.

Bao H. X. H. , Wan A. T. K. 2004. On the Use of Spline Smoothing in Estimating Hedonic Housing Price Models: Empirical Evidence Using Hong Kong Data [J]. *Real Estate Economics*, 32 (3): 487~507.

Bartik T. J. 1987. Estimating Hedonic Demand Parameters with Single Market Data: The Problems Caused by Unobserved Tastes [J]. *Review of Economics and Statistics*, 69 (1): 178~180.

Becker G. S. 1965. A Theory of Allocation of Time [J]. *The Economic Journal*, 75 (9): 493~517.

Bell R. 2001. The Impact of Airport Noise on Residential Real Estate [J]. *The Appraisal Journal*, 69 (3): 312~321.

Bender B. , Hwang H. – S. 1985. Hedonic Housing Price Indices and Secondary Employment Centers [J]. *Journal of Urban Economics*, 17 (1): 90~107.

Berndt E. R. , Rappaport N. J. 2001. Price and Quality of Desktop and Mobile Personal Computers：A Quarter – Century Historical Overview ［J］．*The American Economic Review*，91 （2）：268 ~ 273．

Berry B. J. L. 1976. Ghetto Expansion and Single – family Housing Prices：Chicago，1968 ~ 1972 ［J］．*Journal of Urban Economics*，3 （4）：397 ~ 423．

Berry J. ，McGreal S. ，Stevenson S. ，et al. 2003. Estimation of Apartment Submarkets in Dublin，Ireland ［J］．*Journal of Real Estate Research*，25 （2）：159 ~ 170．

Bitter C. ，Mulligan G. F. ，Dall'erba S. 2007. Incorporating Spatial Variation in Housing Attribute Prices：A Comparison of Geographically Weighted Regression and the Spatial Expansion Method ［J］．*Journal of Geographical Systems*，9 （1）：7 ~ 27．

Borger B. D. ，Kerstens K. ，Staat M. 2008. Transit Costs and Cost Efficiency：Bootstrapping Nonparametric Frontiers ［J］．*Research in Transportation Economics*，23 （1）：53 ~ 64．

Boskin M. J. ，Dulberger E. ，Gordon R. J. ，et al. 1996. Toward a More Accurate Measure of the Cost of Living Series ［R］// Advisory Commission to Study the Consumer Price Index. *Final Report of the Advisory Commission to Study the Consumer Price Index*. Washington D. C.

Bourassa S. C. 1999. Defining Housing Submarkets ［J］．*Journal of Housing Economics*，8 （2）：160 ~ 183．

Bourassa S. C. ，Hoesli M. ，Peng V. S. 2003. Do Housing Submarkets Really Matter ［J］．*Journal of Housing Economics*，12 （1）：12 ~ 28．

Bourassa S. C. ，Hoesli M. ，Sun J. 2003. The Price of Aesthetic Externalities ［EB/OL］．FAME Research Paper，2003. http：//www. swissfinanceinstitute. ch/rp98. pdf.

Bourassa S. C. ，Peng V. S. 1999. Hedonic Prices and House Numbers：The Influence of Feng Shui ［J］．*International Real Estate Review*，2 （1）：79 ~ 93．

Bover O. ，Izquierdo M. 2003. Quality – Adjusted Prices：Hedonic Methods and Implications for National Accounts ［J］．*Investigaciones Economicas*，27 （2）：199 ~ 238．

Bowen W. M. 2001. Theoretical and Empirical Considerations Regarding Space in Hedonic Housing Price Model Applications ［J］．*Growth and Change*，32 （4）：466 ~ 490．

Box G. E. P. ，Cox D. R. 1964. An Analysis of Transformations ［J］．*Journal of the Royal Statistical Society*，26 （2）：211 ~ 252．

Boyle M. A. ，Kiel K. A. 2001. A Survey of House Price Hedonic Studies of the Impact of Environmental Externalities ［J］．*Journal of Real Estate Literature*，9 （2）：117 ~ 144．

Branas – Garza P. ，Cosano J. R. ，Presley J. R. 2002. The North – South Divide and House Price Islands：The Case of Córdoba （Spain） ［J］．*European Journal of Housing Policy*，2 （1）：45 ~ 63．

Brasington D. M. 1999. Which Measures of School Quality Does the Housing Market Value?

[J] . *The Journal of Real Estate Research*, 18 (3): 395 ~413.

Brookshire D. S. , Thayer M. A. , Schulze W. D. , et al. 1982. Valuing Public Goods: A Comparison of Survey and Hedonic Approaches [J] . *The American Economic Review*, 72 (1): 165 ~ 177.

Brown J. N. , Rosen H. S. 1982. On the Estimation of Structural Hedonic Price Models [J] . *Econometrica*, 50 (3): 765 ~768.

Brown K. H. , Uyar B. 2004. A Hierarchical Linear Model Approach for Assessing the Effects of House and Neighborhood Characteristics on Housing Prices [J] . *Journal of Real Estate Practice and Education*, 7 (1): 15 ~23.

Butler R. V. 1982. The Specification of Hedonic Indexes for Urban Housing [J] . *Land Economics*, 58 (1): 96 ~108.

Case B. , Pollakowski H. O. , Wachter S. M. 1991. On Choosing among House Price Index Methodologies [J] . *AREUEA J.* , 19 (3): 286 ~307.

Cassel E. , Mendelsohn R. 1985. The Choice of Functional Forms for Hedonic Price Equations: Comment [J] . *Journal of Urban Economics*, 18 (2): 135 ~142.

Chau K. W. , Ma V. S. M. , Ho D. C. W. 2001. The Pricing of 'Luckiness' in the Apartment Market [J] . *Journal of Real Estate Literature*, 9 (1): 31 ~40.

Chow G. C. 1967. Technological Change and the Demand for Computers [J] . *The American Economic Review*, 57 (5): 1117 ~1130.

Clapham E. , Englund P. , Quigley J. M. , et al. 2006. Revisiting the Past and Settling the Score: Index Revision for House Price Derivatives [J] . *Real Estate Economics*, 34 (2): 275 ~302.

Clark D. E. , Herrin W. E. 2000. The Impact of Public School Attributes on Home Sale Prices in California [J] . *Growth and Change*, 31 (3): 385 ~407.

Collinson P. 2008. Government House Price Data 'Flawed' [N/OL] . The Observer: 2008 - 11 - 30. http: //www. guardian. co. uk/business/2008/nov/30/house - price - index - market - value.

Colwell P. F. , Dilmore G. 1999. Who Was First? An Examination of an Early Hedonic Study [J] . *Land Economics*, 75 (5): 620 ~626.

Costello G. , Watkins C. 2002. Towards a System of Local House Price Indices [J] . *Housing Studies*, 17 (6): 857 ~873.

Court A. T. 1939. Hedonic Price Indexes with Automotive Examples [R] //*The Dynamics of Automobile Demand*. New York: The General Motors Corporation: 99 ~117.

Crane R. , Daniere A. , Harwood S. 1997. The Contribution of Environmental Amenities to Low

- Income Housing: A Comparative Study of Bangkok and Jakarta [J] . *Urban Studies*, 34 （9）: 1495 ~ 1512.

Crone T. M. , Voith R. P. 1992. Estimating House Price Appreciation: A Comparison of Methods [J] . *Journal of Housing Economics*, 2 （4）: 324 ~ 338.

Cropper M. L. , Deck L. B. , McConnell K. E. 1988. On the Choice of Functional Form for Hedonic Price Functions [J] . *Journal Review of Economics and Statistics*, 70 （4）: 668 ~ 675.

Diebold F. X. , Mariano R. S. 1995. Comparing Predictive Accuracy [J] . *Journal of Business and Economic Statistics*, 13 （3）: 134 ~ 144.

Diewert E. 2002. Hedonic Regressions: A Review of Some Unresolved Issues [EB/OL] . Mimeo, Vancouver: Department of Economics, University of British Columbia. http: //www. nber. org/ CRIW/papers/diewert. pdf.

Diewert E. 2004. Elementary Indices [M] //Turvey R. *Consumer Price Index Manual: Theory and Practice*. Geneva: International Labour Offce: 355 ~ 371.

Din A. , Hoesli M. , Bender A. 2001. Environmental Variables and Real Estate Prices [J] . *Urban Studies*, 38 （11）: 1989 ~ 2000.

Dotzour M. G. , Levi D. R. 1993. The Impact of Corporate Ownership on Residential Transaction Prices [J] . *The Appraisal Journal*, 61 （2）: 198 ~ 205.

Downes T. A. , Zabel J. E. 2002. The Impact of School Characteristics on House Prices: Chicago 1987 ~ 1991 [J] . *Journal of Urban Economics*, 52 （1）: 1 ~ 25.

Ellickson B. 1979. Hedonic Theory and the Demand for Cable Television. [J] . *The American Economic Review*, 69 （1）: 183 ~ 189.

Ermisch J. F. , Findlay J. , Gibb K. 1996. The Price Elasticity of Housing Demand in Britain: Issues of Sample Selection [J] . *Journal of Housing Economics*, 5 （1）: 64 ~ 86.

Espey M. , Lopez H. 2000. The Impact of Airport Noise and Proximity on Residential Property Values [J] . *Growth and Change*, 31 （2）: 408 ~ 419.

Eurostat. 2001. *Handbook on Price and Volume Measures in National Accounts* [M] . Luxembourg: Office for Official Publications of the European Communities.

Ferri M. G. 1977. An Application of Hedonic Indexing Methods to Monthly Changes in Housing Prices: 1965 ~ 1975 [J] . *AREUEA J.* , 5 （4）: 455 ~ 462.

Fisher F. M. , Griliches Z. , Kaysen C. 1962. The Costs of Automobile Model Changes since 1949 [J] . *Journal of Political Economy*, 70 （5）: 433 ~ 451.

Fletcher M. , Gallimore P. , Mangan J. 2000. Heteroscedasticity in Hedonic House Price Models [J] . *Journal of Property Research*, 17 （2）: 93 ~ 108.

Fletcher M. , Gallimore P. , Mangan J. 2000. The Modelling of Housing Submarkets [J] .

Journal of Property Investment and Finance, 18 (4): 473~487.

Fletcher M. , Mangan J. , Raeburn E. 2004. Comparing Hedonic Models for Estimating and Forecasting House Prices [J] . *Property Management*, 22 (3): 189~200.

Follain J. R. , Malpezzi S. 1981. The Flight to the Suburbs: Insight from an Analysis of Central City Versus Suburban Housing Costs [J] . *Journal of Urban Economics*, 9 (3): 381~398.

Forrest D. 1991. An Analysis of House Price Differentials between English Regions [J] . *Regional Studies*, 25 (3): 231~238.

Forrest D. , Glen J. , Ward R. 1996. The Impact of a Light Rail System on the Structure of House Prices: A Longitudinal Study [J] . *Journal of Transport Economics and Policy*, 30 (1): 15~29.

Gabriel S. A. 1984. A Note on Housing Market Segmentation in an Israeli Development Town [J] . *Urban Studies*, 21 (2): 189~194.

Gagne R. , Ouellette P. 1998. On the Choice of Functional Forms: Summary of a Monte Carlo Experiment [J] . *Journal of Business and Economic Statistics*, 16 (1): 118~124.

Gatzlaff D. H. , Ling D. C. 1994. Measuring Changes in Local House Prices: An Empirical Investigation of Alternative Methodologies [J] . *Journal of Urban Economics*, 35 (2): 221~244.

Gibbons S. , Machin S. 2003. Valuing English Primary School [J] . *Journal of Urban Economics*, 53 (2): 197~219.

Goldberger A. S. 1968. The Interpretation and Estimation of Cobb – Douglas Functions [J] . *Econometrica*, 35 (3/4): 464~472.

Gonzalez M. A. S. , Formoso C. T. 2006. Mass Appraisal with Genetic Fuzzy Rule – Based Systems [J] . *Property Management*, 24 (1): 20~30.

Goodman A. C. 1981. Housing Submarkets within Urban Areas: Definitions and Evidence [J] . *Journal of Regional Science*, 21 (2): 175~185.

Goodman A. C. 1998. Andrew Court and the Invention of Hedonic Price Analysis [J] . *Journal of Urban Economics*, 44 (2): 291~298.

Goodman A. C. , Kawai M. 1984. Functional Form and Rental Housing Market Analysis [J] . *Urban Studies*, 21 (4): 367~376.

Googman A. C. , Thibodeau T. G. 1995. Dwelling Age Heteroscedasticity in Hedonic House Price Equations [J] . *Journal of Housing Research*, 6 (1): 25~42.

Goodman A. C. , Thibodeau T. G. 1998. Housing Market Segmentation [J] . *Journal of Housing Economics*, 7 (2): 121~143.

Goodman A. C. , Thibodeau T. G. 2003. Housing Market Segmentation and Hedonic Prediction Accuracy [J] . *Journal of Housing Economics*, 12 (3): 181~201.

Goodman Jr. J. , Ittner J. B. 1992. The Accuracy of Home Owners' Estimates of House Value [J] . *Journal of Housing Economics*, 2 (4): 339 ~ 357.

Grass R. G. 1992. The Estimation of Residential Property Values around Transit Station Sites in Washington, D. C. [J] . *Journal of Economics and Finance*, 16 (2): 139 ~ 146.

Griliches Z. 1958. The Demand for Fertilizer: An Econometric Reinterpretation of a Technical Change [J] . *Journal of Farm Economics*, 40 (3): 591 ~ 606.

Griliches Z. 1961. Hedonic Price Indexes for Automobiles: An Econometric of Quality Change [R] //Report of the Price Statistics Review Committee. *The Price Statistics of the Federal Government*. Cambridge: UMI: 173 ~ 196.

Griliches Z. 1991. Hedonic Price Indexes and the Measurement of Capital and Productivity: Some Historical Reflections [C] //Berndt E R, Triplett J E. *Fifty Years of Economic Measurement: The Jubilee of the Conference on Research in Income and Wealth*, May 12 ~ 14, 1988. Chicago: University of Chicago Press: 185 ~ 206.

Halstead J. M. , Bouvier R. , Hansen B. 1997. On the Issue of Functional Form Choice in Hedonic Price Functions: Further Evidence [J] . *Environmental Management*, 21 (5): 759 ~ 765.

Halvorsen R. , Palmquist R. 1980. The Interpretation of Dummy Variables in Semilogarithmic Equations [J] . *The American Economic Review*, 70 (3): 474 ~ 475.

Halvorsen R. , Pollakowski H. O. 1981. Choice of Functional Form for Hedonic Price Equations [J] . *Journal of Urban Economics*, 10 (1): 37 ~ 49.

Hansen J. 2009. Australian House Prices: A Comparison of Hedonic and Repeat – Sales Measures [J] . *Economic Record*, 85 (269): 132 ~ 145.

Hartog J. 2002. Desperately Seeking Structure: Sherwin Rosen (1938 ~ 2001) [J] . *The Economic Journal*, 112 (483): 519 ~ 531.

Hendler R. 1975. Lancaster's New Approach to Consumer Demand and It's Limitation [J] . *The American Economics Review*, 65 (3): 194 ~ 200.

Henneberry J. 1998. Transport Investment and House Prices [J] . *Journal of Property Valuation and Investment*, 16 (2): 144 ~ 158.

Hill R. J. , Melser D. 2008. Hedonic Imputation and the Price Index Problem: An Application to Housing [J] . *Economic Inquiry*, 46 (4): 593 ~ 609.

Hill R. J. , Melser D. , Syed I. 2009. Measuring a Boom and Bust: The Sydney Housing Market 2001 ~ 2006 [J] . *Journal of Housing Economics*, 18 (3): 193 ~ 205.

Hoffmann J. , Lorenz A. 2006. Real Estate Price Indices for Germany: Past, Present and Future [C] . *OECD – IMF Workshop on Real Estate Price Indexes*. Paris, 6 ~ 7, November.

Houthakker H. S. 1952. Compensated Changes in Quantities and Qualities Consumed [J] . *Re-*

view of Economics Studies, 19 (3): 155 ~ 164.

Huh S. , Kwak S. -J. 1997. The Choice of Functional Form and Variables in the Hedonic Price Model in Seoul [J] . Urban Studies, 34 (7): 989 ~ 998.

Hulten C. R. 2003. Price Hedonics: A Critical Review [J] . Economic Policy Review, 9 (3): 5 ~ 15.

Ioannidis C. , Silver M. 2003. Chained, Exact and Superlative Hedonic Price Changes: Estimates from Microdata [J] . Applied Economics, 35 (9): 1005 ~ 1014.

Ioannides Y. M. , Zabel J. E. 2003. Neihbourhood Effects and Housing Demand [J] . Journal of Applied Econometrics, 18 (5): 563 ~ 584.

Irwin E. G. 2002. The Effects of Open Space on Residential Property Values [J] . Land Economics, 78 (4): 465 ~ 480.

Jackson J. R. 1979. Intraurban Variation in the Price of Housing [J] . Journal of Urban Economics, 6 (4): 464 ~ 479 .

Kain J. F. , Quigley J. F. 1970. Measuring the Value of Housing Quality [J] . Journal of the American Statistical Association, 65 (330): 532 ~ 548.

Kiel K. A. , Zabel J. E. 1999. The Accuracy of Owner – Provided House Values: The 1978 ~ 1991 American Housing Survey [J] . Real Estate Economics, 27 (2): 263 ~ 298.

Kim S. 1992. Search, Hedonic Prices and Housing Demand [J] . Review of Economics and Statistics, 74 (3): 503 ~ 508.

Knight J. R. , Dombrow J. , Sirmans C. F. 1995. A Varying Parameters Approach to Constructing House Price Indexes [J] . Real Estate Economics, 23 (2): 187 ~ 205.

Kuminoff N. V. , Parmeter C. F. , Pope J. C. 2008. Hedonic Price Functions: Guidance on Empirical Specification [C] . American Agricultural Economics Association Annual Meeting. Orlando, Florida, July 27 ~ 29, number 6555.

Lancaster K. 1966. A New Approach to Consumer Theory [J] . The Journal of Political Economy, 74 (2): 132 ~ 157.

LeSage J. P. , Pace R. K. 2004. Models for Spatially Dependent Missing Data [J] . Journal of Real Estate Finance and Economics, 29 (2): 233 ~ 254.

Lipscomb C. A. , Farmer M. C. 2005. Household Diversity and Market Segmentation within a Single Neighborhood [J] . The Annals of Regional Science, 39 (4): 791 ~ 810.

Lucas R. 1975. Hedonic Price Functions [J] . Economics Inquiry, 13 (June): 157 ~ 178.

Lutzenhiser M. , Netusil N. R. 2001. The Effect of Open Spaces on a Home's Sale Price [J] . Contemporary Economic Policy, 19 (3): 291 ~ 298.

Maclennan D. 1977. Some Thoughts on the Nature and Purpose of House Price Studies [J] .

Urban Studies, 14 （1）: 59 ~ 71.

Maclennan D. , Tu Y. 1996. Economic Perspectives on the Structure of Local Housing Systems [J] . *Housing Studies*, 11 （3）: 387 ~ 406.

Manninen K. 2005. Hedonic Price Indexes for Digital Cameras [J] . *Survey of Current Business*, 85 （2）: 22 ~ 27.

Mark J. H. , Goldberg M. A. 1984. Alternative Housing Price Indices: An Evaluation [J] . *AREUEA J.* , 12 （1）: 30 ~ 49.

Mason C. , Quigley J. M. 1996. Non – Parametric Hedonic Housing Prices [J] . *Housing Studies*, 11 （3）: 373 ~ 385.

Maurer R. , Spitzer M. , Sebastian S. P. 2004. Hedonic Price Indices for the Paris Housing Market [J] . *Allgemeines Statistisches Archiv*, 88 （3）: 303 ~ 326.

Meese R. A. , Wallace N. E. 1997. The Construction of Residential Housing Price Indices: A Comparison of Repeat – Sales, Hedonic – Regression, and Hybrid Approaches [J] . *Journal of Real Estate Finance and Economics*, 14 （1/2）: 51 ~ 73.

Megbolugbe I. F. , Marks A. P. , Schwartz M. B. 1991. The Economic Theory of Housing Demand: A Critical Review [J] . *Journal of Real Estate Research*, 6 （3）: 381 ~ 393.

Michaels R. G. , Smith V. K. 1990. Market Segmentation Valuing Amenities with Hedonic Models: The Case of Hazardous Waste Sites [J] . *Journal of Urban Economics*, 28 （2）: 223 ~ 242.

Mills E. S. 1967. An Aggregative Model of Resource Allocation in a Metropolitan Area [J] . *The American Economic Review*, 57 （2）: 197 ~ 210.

Milon J. W. , Gressel J. , Mulkey D. 1984. Hedonic Amenity Valuation and Functional Form Specification [J] . *Land Economics*, 60 （4）: 378 ~ 387.

Mollard A. , Rambolinaza M. , Vollet D. 2004. Market Structure and Environmental Amenities in Hedonic Pricing of Rural Cottages [EB/OL] . Grenoble Applied Economics Laboratory （GAEL） . Working Papers. http: //www. grenoble. inra. fr/Docs/pub/ A2004/gael2004 ~ 27. pdf.

Muth R. F. 1974. Moving Costs and Housing Expenditure [J] . *Journal of Urban Economics*, 1 （1）: 108 ~ 125.

Navaneethan R. d/o. , Ismail S. b. , Iman A. H. b. H. M. 2009. Testing for the Existence of Housing Sub – Markets in Penang, Malaysia [J] . *Malaysian Journal of Real Estate*, 4 （1）: 52 ~ 70.

Nelson A. C. , Genereux J. , Genereux M. 1992. Price Effects of Landfills on House Values [J] . *Land Economics*, 68 （4）: 359 ~ 365.

Nelson J. P. 2004. Meta – Analysis of Airport Noise and Hedonic Property Values [J] . *Journal of Transport Economics and Policy*, 38 （1）: 1 ~ 27.

Nicholls S. , Crompton J. L. 2005. The Impact of Greenways on Property Values: Evidence from Austin, Texas [J] . *Journal of Leisure Research*, 37 (3): 321 ~341.

Ohta M. , Griliches Z. 1976. Automobile Prices Revisited: Extensions of the Hedonic Hypothesis [M] // Terleckyj N. E. *Household Production and Consumption.* Cambridge: NBER: 325 ~398.

Okamoto M. , Tomohiko S. 2001. Comparison of Hedonoc Method and Matched Models Methods Using Scanner Data: The Case of Pcs, Tvs and Digital Cameras [C] // Paper presented at the *Sixth Meeting of the International Working Group on Price Indexes.* Canberra, Australia, April 2 ~6.

Palm R. 1978. Spatial Segmentation of the Urban Housing Market [J] . *Economic Geography*, 54 (3): 210 ~221.

Palmquist R. B. 1980. Alternative Techniques for Developing Real Estate Price Indexes [J] . *Review of Economics and Statistics*, 62 (3): 442 ~448.

Palmquist R. B. 1984. Estimating the Demand for the Characteristics of Housing [J] . *Review of. Economics and Statistics*, 66 (3): 394 ~404.

Palmquist R. B. 1991 Hedonic Methods [M] // Braden J. B. , Kolstad C. D. *Measuring the Demand for Environmental Economics.* . Amsterdam: Elsevier Science: 77 ~ 120.

Palmquist R. B. 2006. Property Value Models [M] // Mäler K. G. , Vincent J. R. *Handbook of Environmental Economics*, Vol (2) . Amsterdam: Elsevier Science: 763 ~819.

Peterson S. , Flanagan A. B. 2009. Neural Network Hedonic Pricing Models in Mass Real Estate Appraisal [J] . *Journal of Real Estate Research*, 31 (2): 147 ~164.

Pollakowski H. O. 1995. Data Sources for Measuring House Price Changes [J] . *Journal of Housing Research*, 6 (3): 377 ~387.

Portnov B. A. , Odish Y. , Fleishman L. 2005. Factors Affecting Housing Modifications and Housing Pricing: A Case Study of Four Residential Neighborhoods in Haifa, Israel [J] . *Journal of Real Estate Research*, 27 (4): 371 ~408.

Price Statistics Review Committee. 1961. Problems Common to the Indexes Series [R] // Report of the Price Statistics Review Committee. *The Price Statistics of the Federal Government.* Cambridge: UMI: 31 ~50.

Rappaport J. 2007. A Guide to Aggregate House Price Measures [J] . *Economic Review*, (Q II): 41 ~71.

Reis H. J. , Santos Silva J. M. C. 2006. Hedonic Prices Indexes for New Passenger Cars in Portugal (1997 ~2001) [J] . *Economic Modelling*, 23 (6): 890 ~908.

Ridker R. G. , Henning J. A. 1967. The Determinants of Residential Property Values with Special Reference to Air Pollution [J] . *Review of Economics and Statistics*, 49 (2): 246 ~257.

Rosen S. 1969. On the Interindustry Wage and Hours Structure［J］. *The Journal of Political Economy*, 77（2）: 249~273.

Rosen S. 1974. Hedonic Prices and Implicit Markets: Product Differentiation in Pure Competition［J］. *The Journal of Political Economy*, 82（1）: 34~55.

Roubi S. , Ghazaly A. 2007. Pricing Inter – Neighbourhood Variation: A Case Study on the Rental Apartment Market in Greater Cairo［J］. *Property Management*, 25（1）: 68~79.

Ryan S. 2005. The Value of Access to Highways and Light Rail Transit: Evidence for Industrial and Offce Firms［J］. *Urban Studies*, 42（4）: 751~764.

Sakia R. M. 1992. The Box – Cox Transformation Technique: A Review［J］. *The Statistician*, 41（2）: 169~178.

Sandera H. A. , Polasky S. 2009. The Value of Views and Open Space: Estimates from a Hedonic Pricing Model for Ramsey County, Minnesota, USA［J］. *Land Use Policy*, 26（3）: 837~845.

Schnare A. B. , Struyk R. J. 1976. Segmentation in Urban Housing Market［J］. *Journal of Urban Economics*, 3（2）: 146~166.

Shapiro M. , Wilcox D. 1996. Mismeasurement in the Consumer Price Index: An Evaluation［M］//Bernanke B. S. , Rotemberg J. J. *NBER Macroeconomics Annual*: 93~142.

Silver M. S. , Heravi S. 2007. Hedonic Imputation Versus Time Dummy Hedonic Indexes［J］. *Journal of Business and Economic Statistics*, 25（2）: 239~246.

Simons R. A. , Jaouhari A. E. 2004. The Effect of Freight Railroad Tracks and Train Activity on Residential Property Values［J］. *The Appraisal Journal*, 72（3）: 223~233.

Sirmans G. S. , Macpherson D. A. , Zietz E. N. 2005. The Composition of Hedonic Pricing Models［J］. *Journal of Real Estate Literature*, 13（1）: 1~44.

Smith L. B. , Rosen K. T. , Fallis G. 1988. Recent Developments in Economic Models of Housing Markets［J］. *Journal of Economic Literature*, 26（1）: 29~64.

Sonstelie J. C. , Portney P. R. 1980. Gross Rents and Market Values: Testing the Implications of Tiebout's Hypothesis［J］. *Journal of Urban Economics*, 7（1）: 102~118.

Söderberg B. , Janssen C. 2001. Estimating Distance Gradients for Apartment Properties［J］. *Urban Studies*, 38（1）: 61~79.

Stenger A. , Harou P. , Navrud S. 2009. Valuing Environmental Goods and Services Derived from the Forests［J］. *Journal of Forest Economics*, 15（1/2）: 1~14.

Stevenson S. 2004. New Empirical Evidence on Heteroscedasticity in Hedonic Housing Models［J］. *Journal of Housing Economics*, 13（2）: 136~153.

Straszheim M. 1975. *An Econometric Analysis of the Urban Housing Market*［M］. New York:

Columbia University Press.

Tajima K. 2003. New Estimates of the Demand for Urban Green Space: Implications for Valuing the Environmental Benefits of Boston's Big Dig Project [J] . *Journal of Urban Affairs*, 25 (5): 641 ~ 655.

Triplett J. E. 1986. The Economic Interpretation of Hedonic Methods [J] . *Survey of Current Business*, 66 (1): 36 ~ 40.

Triplett J. E. 2006. *Handbook on Hedonic Indexes and Quality Adjustments in Price Indexes: Special Application to Information Technology Products* [M] . Paris: OECD Publishing.

Tse R. Y. C. 2002. Estimating Neighbourhood Effects in House Prices: Towards a New Hedonic Model Approach [J] . *Urban Studies*, 39 (7): 1165 ~ 1180.

Tu Y. 1997. The Local Housing Sub – Market Structure and Its Properties [J] . *Urban Studies*, 34 (2): 337 ~ 353.

Watkins C. A. 2001. The Definition and Identification of Housing Submarkets [J] . *Environment and Planning A*, 33 (12): 2235 ~ 2253.

Waugh F. V. 1928. Quality Factors Influencing Vegetable Prices [J] . *Journal of Farm Economics*, 10 (2): 185 ~ 196.

Wieand K. 1973. Air Pollution and Property Values: A Study of the St. Louis Area [J] . *Journal of Regional Science*, 13 (1): 91 ~ 95.

Wilhelmsson M. 2000. The Impact of Traffic Noise on the Values of Single – Family Houses [J] . *Journal of Environmental Planning and Management*, 43 (6): 799 ~ 815.

Wolverton M. , Hardin III W. G. , Cheng P. 1999. Disaggregation of Local Apartment Markets by Unit Type [J] . *Journal of Real Estate Finance and Economics*, 19 (3): 243 ~ 257.